量化投资教程

孙佰清 罗 勇 乔 政 著
迟永钢 陶 萍 主审

哈尔滨工业大学出版社

内 容 简 介

本书是一部讲解"从理论到实战"的量化投资工具书,由金融领域的知名学者和具备二十多年实战经验的投资者共同编著完成。本书从量化投资的基础知识、发展历程、常用工具、算法模型、仓位管理、实战容错等方面进行了阐述,同时兼顾了"会编程"和"不会编程"两类学习者的需求,并用"无编程的导图方法"和"可编程的代码方法"讲解了多个代表性实战交易策略,为读者提供了一个很好的入门指引,值得广大投资者阅读参考。

本书既可作为金融量化方向本科、研究生的教材,也可作为量化实战者构建实战模型的参考书。

图书在版编目(CIP)数据

量化投资教程/孙佰清,罗勇,乔政著. —哈尔滨:哈尔滨工业大学出版社,2021.10(2023.6 重印)

ISBN 978-7-5603-9771-9

Ⅰ.①量… Ⅱ.①孙… ②罗… ③乔… Ⅲ.①投资分析-量化分析-教材 Ⅳ.①F830.593

中国版本图书馆 CIP 数据核字(2021)第 216729 号

策划编辑	杨秀华
责任编辑	苗金英
出版发行	哈尔滨工业大学出版社
社　　址	哈尔滨市南岗区复华四道街 10 号　邮编 150006
传　　真	0451-86414749
网　　址	http://hitpress.hit.edu.cn
印　　刷	哈尔滨市颉升高印刷有限公司
开　　本	787mm×1092mm　1/16　印张 14　字数 332 千字
版　　次	2021 年 10 月第 1 版　2023 年 6 月第 2 次印刷
书　　号	ISBN 978-7-5603-9771-9
定　　价	58.00 元

(如因印装质量问题影响阅读,我社负责调换)

前　　言

著名物理学家费曼曾说："假如由于某种大灾难,所有的科学知识都丢失了,只有一句话传给下一代,那么怎样才能用最少的词汇来表达最多的信息？我相信这句话是'原子假设',即所有的物体都是由原子构成的。"原子假设,代表了人类最底层的认知,所有的科学大厦都是在这个底层认知基础上构建起来的。同样,我们也可以这样设想,如果发生了某种灾难,所有的金融知识都丢失了,只能留下一句话,让下一代重建经济学大厦,我相信这句话是"量化假设",即所有的经济现象都可用量化模型去理解和表述,这也是本书的核心底层逻辑。

量化之父西蒙斯在接受采访时说："从1988年,我们就完全停止了基本面分析,变成了一个彻底的、依靠模型的量化投资者。"全球的金融巨头高盛集团在2005年之后,也彻底将600多名场内交易员替换成算法模型。据给高盛集团开发算法的MATLAB工程师讲,高盛集团每天有1万多个模型在全球资本市场上博弈,另外还有1万多个模型在线下进行自主学习,随时替代失效的模型。

量化投资的核心是算法,而这个算法和人类传统意义上的算法有所不同。人类理解世界的底层逻辑是"归纳法"或"演绎法",而量化投资的底层逻辑却是"溯因法"。换句话说,AI计算的概率和人类计算的概率不一样。当AlphaGo(阿尔法围棋)在对局世界围棋史上最年轻的五冠王柯洁并下出石破天惊的胜负手时,引起在场人一片惊呼。OpenAI(人工智能非营利组织)已经拥有了1 750万个参数,从写文章到作曲几乎无所不能。

本书从量化投资的基础知识、发展历程、常用工具、算法模型、仓位管理、实战容错等方面进行了阐述,同时兼顾了"会编程"和"不会编程"两类学习者的需求,并用"无编程的导图方法"和"可编程的代码方法"讲解了多个代表性实战交易策略,为学习金融量化课程的同学们提供了一个很好的入门指引。另外,本书提到的仓位管理和实战要点,在类似书籍中也极为少见,是多年实战经验的总结,可以为所有想实战的量化投资者提供有价值的指引。

哈尔滨工业大学金融智能量化投资研究中心
2021年9月

哈尔滨工业大学金融智能量化投资研究中心简介

哈尔滨工业大学金融智能量化投资研究中心成立于2019年12月1日,依托哈尔滨工业大学经济与管理学院卓越的学术研究能力、国际影响力、优秀创新人才培养能力以及多学科深度交叉融合能力,旨在构建政产学研金融深度融合的一体化科技创新平台,贡献智能金融量化原创性理论、策略和模型等,打造金融量化投资高端智库,培养金融量化投资的学界和业界精英及专业人才,搭建国际学术交流平台,促进产业融合和成果落地。

主要成员简介:

孙佰清,哈尔滨工业大学金融智能量化投资研究中心主任,哈尔滨工业大学管理决策与评价研究所所长,技术政策及管理国家哲学社会科学创新基地办公室主任,哈尔滨工业大学管理学院金融系副主任;先后主持承担参与国家重点研发计划,国家自然科学基金面上项目和重点项目,国家科技支撑计划项目,国家软科学研究计划项目,教育部人文社会科学研究规划基金项目等。

罗勇,哈尔滨工业大学金融智能量化投资研究中心副主任,哈尔滨工业大学管理学院会计硕士校外授课专家,哈尔滨金融学院特聘专家,哈尔滨金融学院投资学、金融工程专业建设顾问委员;在哈尔滨金融学院开设了51学时的"金融量化基础"本科课程,在哈尔滨商业大学开设了32学时的"计算机语言与量化投资"研究生课程,亚当·伊克巴勒博士《波动率,实用期权理论》一书的译者。

陶萍,哈尔滨工业大学金融智能量化投资研究中心副主任,哈尔滨工业大学经济与管理学院会计硕士(MPAcc)学术主任,哈工大创新广场副主任,智能审计研究中心主任,副教授、硕导,管理学博士;研究方向:财务与会计,公司治理与资本市场,集团财务与内部控制,绩效评价、审计与鉴证。

迟永钢,哈尔滨工业大学金融智能量化投资研究中心成员;就职于哈尔滨工业大学电子与信息工程学院,主要从事期货、外汇的策略研究、开发、测试与量化交易。

乔政,哈尔滨工业大学金融智能量化投资研究中心成员;就职于新华社中国经济信息社国家金融信息中心,哈尔滨工业大学经济学硕士,哈尔滨工业大学MBA特约校外讲师;曾担任国信证券GTS事业部金融量化研究员,参与研发构建多支量化投资策略产品,包括网格交易和类多因子量化模型等。

目 录

第一章 量化投资基础知识 ... 1
- 第一节 市场投资组合理论 ... 1
- 第二节 时间序列分析 ... 13
- 第三节 金融量化简史 ... 23
- 本章小结 ... 25

第二章 量化投资中常用的 Python 知识要点 ... 26
- 第一节 Python 常用工具包 ... 26
- 第二节 Python 入门基础补充 ... 56
- 本章小结 ... 95

第三章 量化投资的种类 ... 96
- 第一节 基本面量化 ... 96
- 第二节 技术面量化 ... 96
- 第三节 阿尔法量化 ... 97
- 第四节 资产配置量化 ... 101
- 第五节 演化量化 ... 102
- 第六节 市场上的其他分类方法 ... 103
- 本章小结 ... 106

第四章 量化投资策略构建的一般步骤 ... 107
- 第一节 用思维导图表述策略 ... 107
- 第二节 编写用于回测的量化模型 ... 109
- 第三节 策略归因分析和调整 ... 111
- 第四节 编写用于实盘交易的量化模型 ... 113
- 第五节 模拟盘测试 ... 114
- 第六节 小资金实盘测试 ... 114
- 本章小结 ... 114

第五章 股票量化投资策略的构建方法 ... 115
- 第一节 多因子股票策略的构建 ... 115
- 第二节 Fama-French 三因子模型 ... 122
- 第三节 彼得·林奇投资策略的构建 ... 133
- 本章小结 ... 142

第六章　期货量化投资策略的构建方法——CTA 股指期货跨期套利策略 ············ 143
第一节　股指期货及跨期套利策略与模型 ············ 143
第二节　协整模型 ············ 144
第三节　策略交易过程 ············ 145
第四节　策略思维导图 ············ 146
第五节　代码实现 ············ 146
第六节　回测结果 ············ 154
本章小结 ············ 154

第七章　基金量化投资策略的构建方法——基于 LOF 的基金轮动策略 ············ 155
第一节　基金的基本分类 ············ 155
第二节　LOF 基金概述 ············ 156
第三节　策略逻辑 ············ 158
第四节　策略思维导图 ············ 160
第五节　代码实现 ············ 160
第六节　回测结果 ············ 166
本章小结 ············ 166

第八章　量化投资策略的机器学习方法——高送转预测 ············ 167
第一节　数据集 ············ 168
第二节　基于逻辑回归的预测 ············ 169
第三节　基于 SVM 的预测 ············ 170
第四节　基于逻辑回归 &SVM 的预测 ············ 171
第五节　代码实现 ············ 173
本章小结 ············ 189

第九章　量化投资的仓位管理——凯利公式 ············ 190
第一节　凯利公式概述 ············ 190
第二节　凯利公式要解决的问题 ············ 190
第三节　对凯利公式的理解 ············ 193
第四节　凯利公式在金融市场的应用 ············ 195
第五节　凯利公式的延伸思考 ············ 201
本章小结 ············ 203

附录　代码中的容错处理 ············ 204

参考文献 ············ 206

部分彩图 ············ 207

第一章 量化投资基础知识

在所有的金融知识中,最需要理解的就是"市场投资组合理论"和"时间序列分析"。

第一节 市场投资组合理论

对于市场投资组合理论,通常可以这样理解,即"鸡蛋不能放到一个篮子里",我们要做的就是在收益和风险之间进行平衡。这里有两个要点:一是市场不可预测;二是收益和风险平衡。

关于第一点"市场不可预测"是很有争论的,因为如果市场不可预测,那么一切策略皆无意义(除了市场投资组合策略)。今天,我们已经知道市场是部分可预测的(比如动量的存在),但不等于市场投资组合理论没有用了,在大资金和多策略的组合上,市场投资组合理论仍然是其他理论所无法替代的。什么样的市场可以预测,什么样的市场不可以预测,也一直是市场争论的焦点。

关于第二点"收益和风险平衡"存在多种算法,至今也没有定论到底哪种最优。但有一个简化公式可以使用,即在收益相同的情况下,我们可以把组合中的风险值与自身相乘,从而比较和确定最终估算的风险。这种方法在学术上被称为"均值方差",其实际上的意思是说,相乘后风险大的在平衡后变得更大了,而风险小的在平衡后变得更小了,这也是统计学家通过升维来解决问题的关键性方法。但这又带来了一个新的学术问题,即根据"市场不可预测",过去风险大的不一定未来风险大,过去风险小的不一定未来风险小。所以,这里说的是概率问题,其实,市场是由人构成的,当大部分的市场投资者,特别是主力资金都在按这套理论运转时,市场反而真的这样运行了。

所谓"量化投资",量化是工具,投资是本质,先了解本质很重要。

一、投资组合理论简介

投资组合理论是指若干种证券组成的投资组合,其收益是这些证券收益的加权平均数,但是其风险不是这些证券风险的加权平均风险,投资组合能降低非系统性风险。

投资组合理论有狭义和广义之分。狭义的投资组合理论指的是马科维茨投资组合理论;而广义的投资组合理论除了经典的投资组合理论以及该理论的各种替代投资组合理论,还包括由资本资产定价模型(CAPM)和证券市场有效理论构成的资本市场理论。同时,由于传统的有效市场假说(EMH)不能解释市场异常现象,因此投资组合理论又受到行为金融理论(BF)的挑战。

二、投资组合理论的主要内容

美国经济学家马科维茨1952年首次提出投资组合理论,并进行了系统、深入和卓有成效的研究,他因此获得了诺贝尔经济学奖。

该理论包含两个重要内容:均值-方差模型和有效边界模型。

(一)均值-方差模型

投资,本质上是在不确定的收益和风险中进行选择。投资组合理论用均值-方差来刻画这两个关键因素。所谓均值,是指投资组合的期望收益率,它是单只证券的期望收益率的加权平均,权重为相应的投资比例。股票的收益包括分红派息和资本增值两部分。所谓方差,是指投资组合的收益率的方差。我们把收益率的标准差称为波动率,它刻画了投资组合的风险。

投资组合理论依据以下几个假设。

(1)投资者在考虑每一次投资选择时,其依据是某一持仓时间内的证券收益的概率分布。

(2)投资者根据证券的期望收益率估测证券组合的风险。

(3)投资者的决定仅仅是依据证券的风险和收益。

(4)在一定的风险水平上,投资者期望收益最大;相对应的是在一定的收益水平上,投资者希望风险最小。

根据以上假设,马科维茨确立了证券组合预期收益、风险的计算方法和有效边界理论,建立了资产优化配置的均值-方差模型。

马科维茨把风险定义为期望收益率的波动率,首次将数理统计的方法应用到投资组合选择的研究中。这种模型方法使相互制约的目标能够达到最佳的平衡效果。

一个证券的回报可以表示为服从于正态分布
$$r \sim N(\mu, \sigma^2)$$
这里 μ 表示均值或者期望收益率,σ^2 表示方差或者波动率。

用向量
$$\boldsymbol{r} = (r_1, r_2, \cdots, r_n)'$$
表示多个证券的回报,则向量 $\boldsymbol{r}$ 服从于多维正态分布。

设各品种权重 $\omega_1, \omega_2, \cdots, \omega_n$ 分别表示组合中各证券的权重分布,用向量 $\boldsymbol{\omega} = (\omega_1, \cdots, \omega_n)'$ 表示,则证券组合的收益分布可表示为
$$r_p \sim N(\omega'\mu, \omega'\sum\omega)$$

投资组合预期收益率和预期收益的标准差,则组合收益率为
$$E(r_p) = \sum \omega_i r_i$$

组合方差为
$$\delta^2(r_p) = \sum\sum \omega_i \omega_j \text{cov}(r_i, r_j) = \omega^T V \omega$$

式中 V——协方差矩阵。

在证券投资决策中,应该怎样选择收益和风险的组合呢?这正是投资组合理论研究

的中心问题。投资组合理论研究理性投资者如何选择优化投资组合。理性投资者在给定期望风险水平下对期望收益进行最大化,或者在给定期望收益水平下对期望风险进行最小化。

因此,基于以上假设和数学模型基础,结合以下案例(借助 Python 实现)对资产组合理论进行进一步理解。

(1)取 2019 年 1 月 1 日至 2019 年 12 月 31 日上证 50 年化收益率排名前五的证券作为投资组合(表1.1)。

表 1.1　2019.01.01—2019.12.31 上证 50 年化收益率排名

	600000.SH	600016.SH	600019.SH	600028.SH	600029.SH	…
2019.01.02 00:00:00.005	NaN	NaN	NaN	NaN	NaN	…
2019.01.03 00:00:00.005	0.011276	0.003534	0.012520	0.005970	0.018073	…
2019.01.04 00:00:00.005	0.015175	0.019215	0.012365	0.011834	0.020680	…
2019.01.07 00:00:00.005	0.002006	-0.003466	0.009174	0.015565	0.027399	…
2019.01.08 00:00:00.005	-0.002006	-0.001738	0.010598	0.011516	-0.017217	…
2019.12.25 00:00:00.005	-0.003263	-0.004804	-0.010695	-0.001994	0.010197	…
2019.12.26 00:00:00.005	0.004077	0.003205	0.008921	0.001994	0.004338	…
2019.12.27 00:00:00.005	0.002438	0.003195	0.008842	0.005958	0.010050	…
2019.12.30 00:00:00.005	0.001622	0.006359	0.012249	0.005923	0.023996	…
2019.12.31 00:00:00.005	0.002428	0.000000	-0.001741	0.005888	0.001394	…
	601939.SH	601988.SH	601989.SH	603259.SH	603993.SH	
2019.01.02 00:00:00.005	NaN	NaN	NaN	NaN	NaN	
2019.01.03 00:00:00.005	0.001599	0.002821	0.020907	-0.00458	0.008054	
2019.01.04 00:00:00.005	0.015848	0.008415	0.036121	0.013453	0.023779	
2019.01.07 00:00:00.005	-0.003150	-0.002797	0.026260	-0.005249	0.015544	
2019.01.08 00:00:00.005	0.000000	-0.008439	-0.021835	-0.009322	-0.010336	
2019.12.25 00:00:00.005	-0.002786	-0.002729	-0.003839	-0.009825	0.024098	
2019.12.26 00:00:00.005	0.008333	0.005450	0.001921	0.021705	-0.009569	
2019.12.27 00:00:00.005	0.002762	0.002714	0.001918	-0.020937	0.040052	
2019.12.30 00:00:00.005	-0.002762	0.005405	0.001914	-0.002525	0.011481	
2019.12.31 00:00:00.005	000000	-0.005405	0.001910	0.012342	-0.004577	

经过排序得到,600309.SH、600519.SH、600585.SH、601628.SH、600276.SH 这 5 只股票组成投资组合。图 1.1 为投资组合的股票收盘价走势图。

图1.1 投资组合的股票收盘价走势图(见彩图)

(2)计算投资组合中各个股票的收益率波动(图1.2)。2019年1月1日至2019年12月31日上证50个股收益率波动见表1.2。

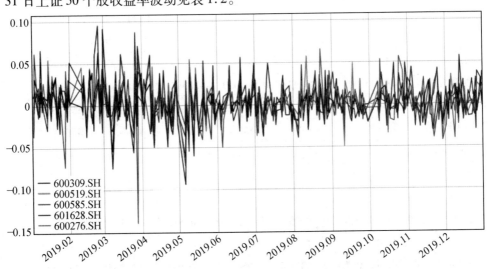

图1.2 投资组合中各个股票的收益率波动(见彩图)

表1.2 2019.01.01—2019.12.31 上证50个股收益率波动

	600309.SH	600519.SH	600585.SH	601628.SH	600276.SH
2019.01.02 00:00:00.005	NaN	NaN	NaN	NaN	NaN
2019.01.03 00:00:00.005	−0.031794	−0.015106	−0.020684	0.010471	−0.036528
2019.01.04 00:00:00.005	0.032146	0.020135	0.006004	0.016237	0.062247
2019.01.07 00:00:00.005	0.010490	0.005781	0.021596	−0.012770	−0.014455
2019.01.08 00:00:00.005	0.001390	−0.001157	0.001033	−0.011935	0.007624
⋮	⋮	⋮	⋮	⋮	⋮

续表1.2

	600309.SH	600519.SH	600585.SH	601628.SH	600276.SH
2019.12.25 00:00:00.005	0.015125	-0.012535	0.012280	0.004468	-0.013343
2019.12.26 00:00:00.005	-0.030291	0.001234	0.031010	0.014164	0.011922
2019.12.27 00:00:00.005	0.038412	0.024282	-0.007471	-0.009716	0.000000
2019.12.30 00:00:00.005	0.029880	0.019415	0.014507	0.029444	0.013186
2019.12.31 00:00:00.005	0.002139	-0.002364	0.037747	0.001722	0.023351

（3）定义权重函数用于为组合中的股票随机分配权重。定义投资组合函数用于计算不同权重组合下的期望收益率、方差以及夏普比率。采用2020年1月期国债作为无风险资产的年化收益率，用蒙特卡洛模拟的方法进行不同权重下的投资组合模拟，得到投资组合收益均值、方差和夏普比率的结果（图1.3）。

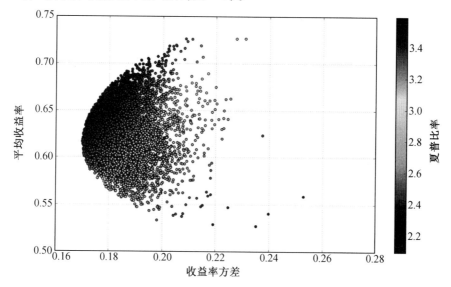

图1.3　投资组合收益均值、方差和夏普比率的分布图（见彩图）

（二）有效边界模型

有效边界理论亦称有效投资组合理论，是指有效的投资必须满足以下条件之一。
（1）同等风险条件下收益最大。
（2）同等收益条件下风险最小。
有效边界就是给定期望收益风险最小的投资组合集。
目标函数：

$$\min \delta^2(r_p) = \sum \sum w_i w_j \text{cov}(r_i, r_j) = w^\mathrm{T} V w$$

限制条件：

$$\sum \omega_i = 1, \omega_i \geqslant 0 (\text{不允许卖空})$$

上式表明，在限制条件下求解 ω_i 使组合风险 $\delta^2(r_p)$ 最小，可通过拉格朗日目标函数求得

$$E(r_p) = \sum \omega_i r_i$$

那么,对于(一)中的案例依照上述逻辑求解,图1.4展示了最优化的结果,＊表示给定目标收益率最优投资组合。

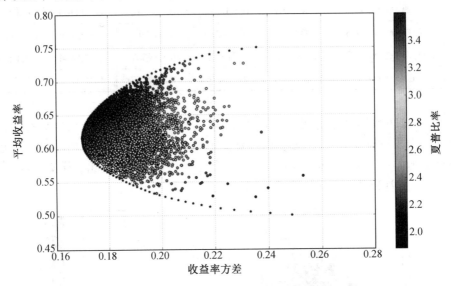

图1.4　投资组合最优化的结果(1)(见彩图)

选取最小方差值为起点构建有效前沿。有效边界由所有收益率高于绝对最小方差投资组合的最优投资组合构成。这些投资组合在给定某一风险水平时预期收益率高于其他投资组合。如图1.5所示,红色＊表示给定投资组合的有效边界(上沿)。黑色＊表示给定投资组合的无效边界(下沿)。

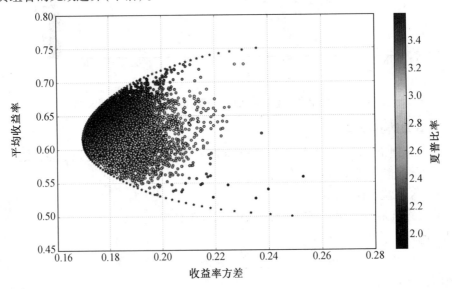

图1.5　投资组合最优化的结果(2)(见彩图)

同时,求取夏普比率最大时的组合最优解。如图1.6所示,五角星位置为夏普比率的最大值点。

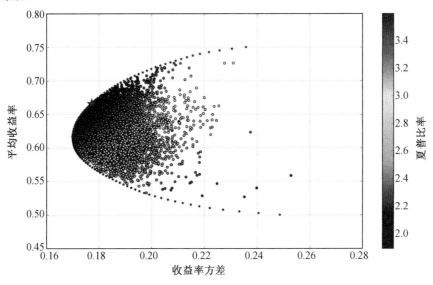

图1.6 投资组合最优化的结果(3)(见彩图)

因此可以得出,有效边界是在收益-风险约束条件下能够以最小的风险取得最大的收益的各种证券的集合。图1.6中,横坐标表示风险,纵坐标代表收益,图中的任意一点代表一种可行的组合证券,每一组合证券所提供的风险-收益组合可以通过横、纵坐标上相应的两点予以确定。很明显,*组成的曲线上各点代表的各种组合证券所对应的风险-收益组合远较曲线内部中其他各点代表的组合证券为优,因为它们能够在风险最小的情况下取得最大的收益;或者说,为取得一定收益而承受的风险最小,承受一定风险所获得的收益最大。

(三)资本市场线

资本市场理论(CMT)是 William Sharpe 在投资组合基础上引入无风险资产得到的。

资本市场线(Capital Market Line,CML)是指表明有效组合的期望收益率和标准差之间的一种简单的线性关系的一条射线。它是沿着投资组合的有效边界,由风险资产和无风险资产构成的投资组合。

其基本思路是:当考虑无风险资产时,投资者首先确定高风险资产的一个有效组合(有效前沿),然后在组合中加入无风险资产。此时,投资组合为穿过无风险收益点有效前沿上的一条切线。

考虑无风险资产,可以显著加强投资者的有效投资机会。如果我们想要计算出无风险资产与任一有效边界上的投资组合 x 组合后的情况

$$E(r_p) = w_x E(r_x) + (1 - w_x) E(r_f) = r_f + w_x [E(r_x) - r_f]$$

$$\sigma_p^2 = w_x^2 \sigma_x^2 + (1 - w_x)^2 \sigma_f^2 + 2 w_x (1 - w_x) \sigma_x \sigma_f \rho_{x,f}$$

由于无风险资产的方差 $\sigma_f = 0$,代入上式,则

$$E(r_p) = r_f + \sigma_p \frac{[E(r_x) - r_f]}{\sigma_x}$$

式中　　r_f —— 截距；

$\dfrac{|E(r_x) - r_f|}{\sigma_x}$ —— 斜率。

斜率就是投资组合 x 的夏普比率。

当这条直线与有效边界相切时，切点为 M，这条直线将优于与任意有效组合 x 组合后得到的直线，也优于有效边界。如图1.7所示。

这条直线就是资本市场线，切点 M 为市场投资组合（Market Portfolio）。

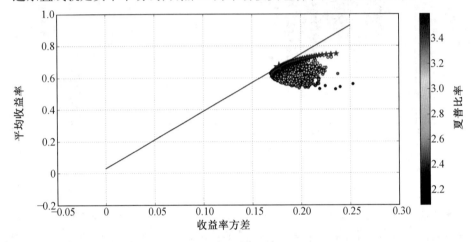

图1.7　投资组合最优化的结果（4）（见彩图）

因此，把上述优化投资组合在以波动率为横坐标、以收益率为纵坐标的二维平面中描绘出来，形成一条曲线。这条曲线上有一个点，其波动率最低，称为最小方差点。这条曲线在最小方差点以上的部分就是著名的（马科维茨）投资组合有效边界，对应的投资组合称为有效投资组合。如图1.8所示。

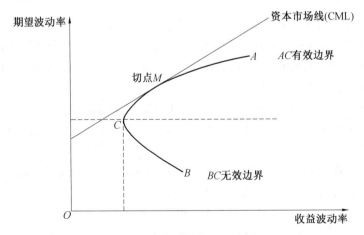

图1.8　投资组合预期收益-风险图

在波动率-收益率二维平面上，任意一个投资组合要么落在有效边界上，要么处于有效边界之下。因此，有效边界包含了全部（帕雷托）最优投资组合，理性投资者只需在有效边界上选择投资组合。

三、投资组合理论的主要应用

投资组合理论为有效投资组合的构建和投资组合的分析提供了重要的思想基础和一整套分析体系,其对现代投资管理实践的影响主要表现在以下四个方面。

(1)马科维茨首次对风险和收益这两个投资管理中的基础性概念进行了准确的定义,从此,风险和收益就成为描述合理投资目标缺一不可的两个要件(参数)。

在马科维茨之前,投资顾问和基金经理尽管也会顾及风险因素,但由于不能对风险加以有效的衡量,也就只能将注意力放在投资的收益方面。马科维茨用投资回报的期望值(均值)表示投资收益(率),用方差(或标准差)表示收益的风险,解决了对资产的风险衡量问题,并认为典型的投资者是风险回避者,他们在追求高预期收益的同时会尽量回避风险。据此马科维茨提出了以均值-方差分析为基础的最大化效用的一整套组合投资理论。

(2)投资组合理论关于分散投资的合理性的阐述为基金管理业的存在提供了重要的理论依据。

在马科维茨之前,尽管人们很早就对分散投资能够降低风险有一定的认识,但从未在理论上形成系统化的认识。

投资组合的方差公式说明,投资组合的方差并不是组合中各个证券方差的简单线性组合,而是在很大程度上取决于证券之间的相关关系。单个证券本身的收益和标准差指标对投资者可能并不具有吸引力,但如果它与投资组合中的证券相关性小甚至是负相关,它就会被纳入组合。当组合中的证券数量较多时,投资组合的方差的大小在很大程度上更多地取决于证券之间的协方差,单个证券的方差则会居于次要地位。因此投资组合的方差公式对分散投资的合理性不但提供了理论上的解释,而且提供了有效分散投资的实际指引。

(3)马科维茨提出的"有效投资组合"的概念,使基金经理从过去一直关注于对单个证券的分析转向了对构建有效投资组合的重视。

自20世纪50年代初马科维茨提出投资组合理论以来,投资管理已从过去专注于选股转为对分散投资和组合中资产之间的相互关系上来。事实上投资组合理论已将投资管理的概念扩展为组合管理。

(4)马科维茨的投资组合理论已被广泛应用于投资组合中各主要资产类型的最优配置的活动中,并被实践证明是行之有效的。

四、投资组合理论应用中的问题

马科维茨的投资组合理论不但为分散投资提供了理论依据,而且为如何进行有效的分散投资提供了分析框架。但在实际运用中,马科维茨模型也存在着一定的局限性。

(1)马科维茨模型所需要的基本输入包括证券的期望收益率、方差和两两证券之间的协方差。

当证券的数量较多时,基本输入所要求的估计量非常大,从而也就使得马科维茨的运用受到很大限制。因此,马科维茨模型目前主要被用在资产配置的最优决策上。

(2)数据误差带来的解的不可靠性。

马科维茨模型需要将证券的期望收益率、期望的标准差和证券之间的期望相关系数作为已知数据进行基本输入。如果这些数据没有估计误差,马科维茨模型就能够保证得到有效的证券组合。但由于期望数据是未知的,需要进行统计估计,因此这些数据就不会没有误差。这种由于统计估计而带来的数据输入方面的不准确性会使一些资产类别的投资比例过高而使另一些资产类别的投资比例过低。

(3)解的不稳定性。

马科维茨模型的另一个应用问题是输入数据的微小改变会导致资产权重的很大变化。解的不稳定性限制了马科维茨模型在实际制定资产配置政策方面的应用。如果基于季度对输入数据进行重新估计,用马科维茨模型就会得到新的资产权重的解,新的资产权重与上一季度的权重差异可能很大。这意味着必须对资产组合进行较大的调整,而频繁的调整会使人们对马科维茨模型产生不信任感。

(4)重新配置的高成本。

资产比例的调整会造成不必要的交易成本的上升。资产比例的调整会带来很多不利的影响,因此正确的决策可能是维持现状而不是最优化。

五、投资组合理论核心思想总结

1. 传统投资组合的思想(Native Diversification)

(1)不要把所有的鸡蛋都放在一个篮子里面,否则"倾巢无完卵"。

(2)组合中资产数量越大,分散风险越大。

2. 现代投资组合的思想(Optimal Portfolio)

(1)最优投资比例:组合的风险与组合中资产的收益之间的关系有关。在一定条件下,存在一组使得组合风险最小的投资比例。

(2)最优组合规模:随着组合中资产种数增加,组合的风险下降,但是组合管理的成本提高。当组合中资产的种数达到一定数量后,风险无法继续下降。

六、资本资产定价模型

资本资产定价模型(Capital Asset Pricing Model,CAPM)是由美国学者夏普(Sharpe)、林特尔(Lintner)、特里诺(Treynor)和莫辛(Mossin)等人于1964年在资产组合理论和资本市场理论的基础上发展起来的,主要研究证券市场中资产的预期收益率与风险资产之间的关系,以及均衡价格是如何形成的,是现代金融市场价格理论的支柱,广泛应用于投资决策和公司理财领域。

1. CAPM模型的提出

马科维茨的分散投资与效率组合投资理论第一次以严谨的数理工具为手段,向人们展示了一个投资者在众多风险资产中如何构建最优资产组合的方法。应该说,这一理论带有很强的规范意味,告诉投资者应该如何进行投资选择。但问题是,在20世纪50年代,即便有了当时刚刚诞生的计算机的帮助,在实践中应用马科维茨的理论仍然是一项烦琐的高难度工作;或者说,与投资的现实世界脱节得过于严重,进而很难完全被投资者采用——美国普林斯顿大学的鲍莫尔(Baumol)在其1966年一篇探讨马科维茨-托宾体系的论文中就谈到,按照马科维茨的理论,即使以较简化的模式出发,要从1 500只证券中挑选出有效率的投资组合,当时每运行一次计算机需要耗费150～300美元,而如果要执行完整的马科维茨运算,所需的成本至少是前述金额的50倍;而且所有这些还必须有一个前提,就是分析师必须能够持续且精确地估计标的证券的预期报酬、风险及相关系数,否则整个运算过程将变得毫无意义。

正是由于这一问题的存在,从20世纪60年代初开始,以夏普、林特纳和莫辛为代表的经济学家开始从实证的角度出发,探索证券投资的现实,即马科维茨的理论在现实中的应用能否得到简化?如果投资者都采用马科维茨资产组合理论选择最优资产组合,那么资产的均衡价格将如何在收益与风险的权衡中形成?或者说,在市场均衡状态下,资产的价格如何依风险而确定?

作为基于风险资产期望收益均衡基础上的预测模型之一,CAPM阐述了在投资者都采用马科维茨的理论进行投资管理的条件下市场均衡状态的形成,把资产的预期收益与预期风险之间的理论关系用一个简单的线性关系表达了出来,即认为一个资产的预期收益率与衡量该资产风险的一个尺度 β 值之间存在正相关。应该说,作为一种阐述风险资产均衡价格决定的理论,单一指数模型,或以之为基础的CAPM不仅大大简化了投资组合选择的运算过程,使马科维茨的投资组合选择理论向实际应用迈进了一大步,也使得证券理论从以往的定性分析转入定量分析,从规范性转入实证性,进而对证券投资的理论研究和实际操作,甚至整个金融理论与实践的发展都产生了巨大影响,成为现代金融学的理论基础。

当然,近几十年来,作为资本市场均衡理论模型关注的焦点,CAPM的形式已经远远超越了夏普、林特纳和莫辛提出的传统形式,有了很大的发展,如套利定价模型、跨时资本资产定价模型、消费资本资产定价模型等,目前已经形成了一个较为系统的资本市场均衡理论体系。

2. CAPM模型的表述

夏普发现单个股票或者股票组合的预期回报率(Expected Return)的公式为

$$E(R_i) = R_f + \beta_i [E(R_m) - R_f]$$

式中　　$E(R_i)$——资产期望回报率;

R_f——无风险收益率;

β_i——资产Beta系数,描述资产与市场相关性 $\beta_i = \dfrac{\text{cov}(R_i, R_m)}{\text{var}(R_m)}$;

$E(R_m)$——市场期望回报率;

$E(R_m) - R_f$——市场风险溢价补偿;

$E(R_i) - R_f$——资产溢价补偿。

CAPM模型的说明如下。

(1)单个证券的期望收益率由两部分组成,无风险利率(R_f)以及对所承担风险的补偿——风险溢价。

(2)风险溢价的大小取决于 β_i 值的大小。β_i 值越高,表明单个证券的风险越高,所得到的补偿也就越高。

(3)β_i 度量的是单个证券的系统风险,非系统性风险没有风险补偿。

3. CAPM 模型的假设

CAPM 是建立在马科维茨模型基础上的,马科维茨模型的假设自然包含在其中。

(1)投资者希望财富越多越好,效用是财富的函数,财富又是投资收益率的函数,因此可以认为效用为收益率的函数。

(2)投资者能事先知道投资收益率的概率分布为正态分布。

(3)投资风险用投资收益率的方差或标准差标识。

(4)影响投资决策的主要因素为期望收益率和风险两项。

(5)投资者都遵守主宰原则(Dominance Rule),即同一风险水平下,选择收益率较高的证券;同一收益率水平下,选择风险较低的证券。

CAPM 的附加假设条件如下。

(1)可以在无风险折现率 R 的水平下无限制地借入或贷出资金。

(2)所有投资者对证券收益率概率分布的看法一致,因此市场上的效率边界只有一条。

(3)所有投资者具有相同的投资期限,而且只有一期。

(4)所有的证券投资可以无限制的细分,在任何一个投资组合里可以含有非整数股份。

(5)买卖证券时没有税负及交易成本。

(6)所有投资者可以及时免费获得充分的市场信息。

(7)不存在通货膨胀,且折现率不变。

(8)投资者具有相同预期,即他们对预期收益率、标准差和证券之间的协方差具有相同的预期值。

上述假设表明:

(1)投资者是理性的,而且严格按照马科维茨模型的规则进行多样化的投资,并将从有效边界的某处选择投资组合。

(2)资本市场是完全市场,没有任何摩擦阻碍投资。

4. CAPM 模型的应用

(1)应用资本资产定价理论探讨风险与报酬的模式,亦可发展出有关证券均衡价格的模式,供作市场交易价格参考。

(2)所谓证券的均衡价格即指对投机者而言,股价不存在任何投机获利的可能,证券均衡价格为投资证券的预期报酬率,等于效率投资组合上无法有效分散的等量风险,如无风险率为2%,股票的贝塔(风险度量)为2。在此期间的预期市场回报率为10%,这意味着在从预期市场回报中减去无风险利率之后,市场风险溢价为8%(10% -2%)。将前面的值代入上面的 CAPM 公式中,我们得到股票的预期收益率为 18%[2% + 2 × (10% -2%)]。

(3)实际上,投资人所获得的报酬率为股票价格上涨(下跌)的资本利得(或损失),

加上股票所发放的现金股利或股票股利,即实际报酬率为

$$R_{ir+1} = \frac{p_{ir+1} - p_{ir} + D_{ir+1}}{p_i r}$$

(4) 在市场均衡时,预期均衡报酬率应等于持有股票的预期报酬率

$$R_F + \beta_i [E(R_m) - R_F] = \frac{E[P_{ir+1} - P_{ir} + E(D_{ir+1})]}{P_{ir}}$$

(5) 若股票的市场交易价格低于此均衡价格,投机性买进将有利润,市场上的超额需求将持续存在直到股价上升至均衡价位;反之若股票的交易价格高于均衡价格,投机者将卖出直到股价下跌达于均衡水准。

5. CAPM 模型的优点和局限性

CAPM 最大的优点在于简单、明确。它把任何一种风险证券的价格都划分为三个因素:无风险收益率、风险的价格和风险的计算单位,并把这三个因素有机结合在一起。

CAPM 的另一优点在于它的实用性。它使投资者可以根据绝对风险而不是总风险来对各种竞争报价的金融资产做出评价和选择。这种方法已经被金融市场上的投资者广为采纳,用来解决投资决策中的一般性问题。

当然,CAPM 也不是尽善尽美的,它本身存在着一定的局限性。

首先,CAPM 的假设前提是难以实现的。比如,对于 CAPM 的假设归纳为六个方面。假设之一是市场处于完善的竞争状态。但是,实际操作中完全竞争的市场是很难实现的,"做市"时有发生。假设之二是投资者的投资期限相同且不考虑投资计划期之后的情况。但是,市场上的投资者数目众多,他们的资产持有期间不可能完全相同,而且现在进行长期投资的投资者越来越多,所以假设二也就变得不那么现实了。假设之三是投资者可以不受限制地以固定的无风险利率借贷,这一点也是很难办到的。假设之四是市场无摩擦。但实际上,市场存在交易成本、税收和信息不对称等问题。假设之五、六是理性人假设和一致预期假设。显然,这两个假设也只是一种理想状态。

其次,CAPM 中的 β 值难以确定。某些证券由于缺乏历史数据,其 β 值不易估计。此外,由于经济的不断发展变化,各种证券的 β 值也会产生相应的变化,因此,依靠历史数据估算出的 β 值对未来的指导作用也要打折扣。总之,由于 CAPM 的上述局限性,金融市场学家仍在不断探求比 CAPM 更为准确的资本市场理论。目前,已经出现了另外一些颇具特色的资本市场理论(如套利定价模型),但尚无一种理论可与 CAPM 相匹敌。

第二节 时间序列分析

关于时间序列分析,通常可以这样理解:随着战争的进行,根据战场进程决定进攻、防御还是撤退。我们也可以这样理解,基于"历史会重演"这一假设,我们才可以从历史分析中预测未来。这里也有两个要点:一是历史会重演;二是历史不会简单地重演。

关于第一点"历史会重演",这是很多人认可和理解的。毕竟在金融市场上,一切与人相关,而人性的贪婪和恐惧一定会在金融市场上一遍一遍重演。这就给量化投资者提供了最基础的依据,不论是做量价分析,还是做异象数据分析,时间序列分析都是不可逾

越的,即使做的是横截面分析,也仍然需要一个时间序列来做基础数据。

关于第二点"历史不会简单地重演",这是很多人认可的,但不容易理解。比如,一家咖啡厅里有一幅老照片,上面有一个写着某街道51号的老酒馆,大家自然会认为这个老酒馆的实际地址也是某街道51号,实际上却是某街道41号。如果我们可以解读时间序列背后的逻辑,就可以找到一些规律。在金融时间序列背后,影响它的是传统或规则。

我们可以把"市场投资组合理论"和"时间序列分析"总结成一句话:"期望归零,方差交给时间。"下面看一个实例。

实例背景:2021年5月,一家基本面私募基金的量化转型。

实例组合:他们持有的股票池,由39只股票构成(东方财富|康泰生物|智飞生物|药明康德|天味食品|东方雨虹|比音勒芬|涪陵电力|硕贝德|信维通信|格力电器|工业富联|迈为股份|三安光电|壹网壹创|帝尔激光|东山精密|芒果超媒|捷佳伟创|顺网科技|中信证券|闻泰科技|环旭电子|同花顺|通富微电|海大集团|复星医药|康龙化成|泸州老窖|汇顶科技|卓胜微|斯达半导|玉禾田|中密控股|山西汾酒|东阿阿胶|水井坊|长春高新|豪悦护理|)。

实例困境:这个组合从2021年初到5月虽然有一点赢利,但跑输了大盘,期间还发生了有史以来最大的回撤(近20%)。

量化目标:寻求改进的方向,包括降低波动率和增厚收益率。

改进方法:一是基于市场投资组合理论,采用风险平价模型进行动态仓位调整;二是基于时间序列,采用多因子量化模型进行阿尔法收益增厚。

最终结果:

(1)采用风险平价模型动态调整仓位后(收益和风险前推6个月,由于组合中个别股票上市时间较短,所以只能选择测试时间2021.03.12—2021.05.20):区间收益10.07%,与原组合11.1%的收效相比,损失很小;区间最大反向波动-3.37%,与原组合-9.8%的损失相比,反向波动大幅度降低(图1.9)。

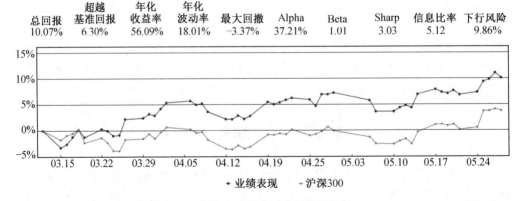

图1.9 投资组合优化后收益情况(1)

(2)采用多因子量化模型阿尔法收益增厚后(基于五因子的选股排序等权重模型,测试时间2019.05—2021.05):区间收益为310%,与未增强前171.7%相比,阿尔法增强收益显著(图1.10)。

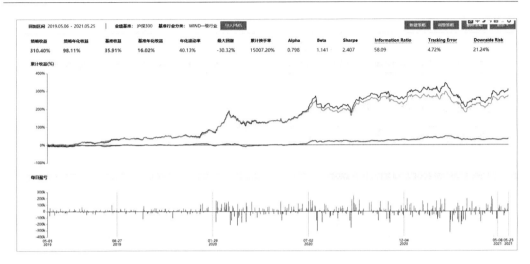

图1.10 投资组合优化后收益情况(2)

从以上实例中我们可以看出,投资组合理论和时间序列阿尔法都可以通过量化模型的方法进行收益与风险的调整,一个偏资金管理,一个偏标的管理。

总结来说,时间数列是指将某一现象所发生的数量变化,依时间的先后顺序排列,以揭示随着时间的推移,这一现象的发展规律,从而用以预测现象发展的方向及其数量。

在数学上,随机过程被定义为一组时间随机变量,即

$$x(t), t \in T$$

式中 T——时间 t 的变动范围。

当 $T=\{0, \pm 1, \pm 2, \cdots\}$ 时,此类随机过程 $x(t)$ 是离散时间 t 的随机函数,称为时间序列。

一、金融时间序列的基本分类

金融数据分析中,我们最常见的数据有三种:横截面数据(Cross Sectional Data)、时间序列数据(Time Series Data)和面板数据(Panel Data)。

下面,我们结合金融数据分析理论和量化投资研究对三者做一个简单的介绍:

1. 横截面数据

横截面数据指在同一时间(时期或时点)截面上反映一个总体的一批(或全部)个体的同一特征变量的观测值,也称静态数据。它对应同一时点上不同空间(对象)所组成的一维数据集合,研究的是某一时点上的某种经济现象,突出空间(对象)的差异。比如可以从不同公司在同一时间发布的财务报表中,得到同一年度这些公司的一些财务数据。

2. 时间序列数据

时间序列数据是指对同一对象在不同时间连续观察所取得的数据。它着眼于研究对象在时间顺序上的变化,这类数据反映了某一事物、现象等随时间的变化状态或程度。

与横截面数据相比较,其区别在于组成数据列的各个数据的排列标准不同。时序数据是按时间顺序排列的,横截面数据是按照统计单位排列的。因此,横截面数据不要求统计对象及其范围相同,但要求统计的时间相同。也就是说必须是同一时间截面上的数据。

3. 面板数据

面板数据也称平行数据,是截面数据与时间序列数据综合起来的一种数据类型。指在时间序列上取多个截面,在这些截面上同时选取样本观测值所构成的样本数据。或者说它是一个 $m \times n$ 的数据矩阵,记载的是 n 个时间节点上,m 个对象的某一数据指标。简而言之就是对上面两个数据的综合。

二、金融时间序列的线性模型

(一) 相关系数和自相关系数

1. 相关系数

我们先引入一个例子。观察图 1.11 中 600519 的月收益率和上证综指月收益率的散点图。

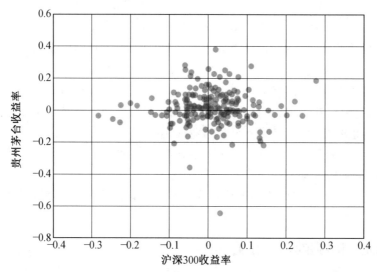

图 1.11　贵州茅台月收益率和上证综指月收益率相关性分析(见彩图)

从图 1.11 可以发现,这两个收益率看起来是相关性较低的。线性相关的程度常用皮尔逊(Pearson)相关系数来衡量。在统计上,两个随机变量 X 和 Y 的相关系数定义为

$$\rho_{xy} = \frac{\text{cov}(X,Y)}{\sqrt{\text{var}(X)\text{var}(Y)}} = \frac{E[(X-\mu_x)(Y-\mu_y)]}{\sqrt{E[(X-\mu_x)^2 E(Y-\mu_y)^2]}}$$

而我们根据样本估计的计算公式为

$$\rho_{xy} = \frac{\sum_{t=1}^{T}(x_t-\bar{x})(y_t-\bar{y})}{\sqrt{\sum_{t=1}^{T}(x_t-\bar{x})^2 \sum_{t=1}^{T}(y_t-\bar{y})^2}}$$

式中,$\bar{x}$ 和 $\bar{y}$ 分别是 X 和 Y 的样本均值。并且假定方差是存在的。这个系数是度量 X 和 Y 线性相关的程度。完全线性正相关意味着相关系数为 +1.0,完全线性负相关意味着相关系数为 -1.0,其他情况下相关系数在 -1.0 和 +1.0 之间。绝对值越大表明相关性

越强。

2. 自相关系数

相关系数衡量了两个序列的线性相关程度,而自相关函数,顾名思义就是衡量自己和自己的相关程度,即 $r(t)$ 和过去某个时间 $t(t-l)$ 的相关性:考虑平稳时间序列 r_t,r_t 与 r_{t-l} 的相关系数称为 r_t 的间隔为 l 的自相关系数,通常记为 ρ_l。具体的定义为

$$\rho_l = \frac{\text{cov}(r_t, r_{t-l})}{\sqrt{\text{var}(r_t)\text{var}(r_{t-l})}} = \frac{\text{cov}(r_t, r_{t-l})}{\text{var}(r_t)} = \frac{r_l}{r_0}$$

根据定义,$\rho_0 = 1$,$-1 \leq \rho_l \leq 1$。自相关系数组成的集合 ρ_l 称为 r_t 的自相关函数(Autocorrelation Function)。若一个平稳的时间序列是序列自身前后不自相关的,对一个平稳时间序列的样本 r_t,$1 \leq t \leq T$,则间隔为 l 的样本自相关系数的估计为

$$\hat{\rho}_l = \frac{\sum_{t=l+1}^{T}(r_t - \bar{r})(r_{t-l} - \bar{r})}{\sum_{t=1}^{T}(r_t - \bar{r})^2}, 0 \leq l \leq T-1$$

序列的自相关性常用来解释金融系统中经济行为在时间上的惯性,比如人们消费的行为会受到习惯的影响,并不会由于收入的增加或减少而立刻调整,呈现出一定程度的自我相关。

3. 偏自相关系数

假设股票价格偏 $p_1, p_2, \cdots, p_t$ 的一阶自相关系数 ρ_l 大于 0,即今天的价格 p_t 与昨天的价格 $p_t - 1$ 相关,可能 p_t 也会受前天、大前天的价格的影响。也就是说 p_t 与 $p_t - 1$ 的自相关系数算出的结果不单纯是昨天对今天的结果,而是包含了之前的一些信息,间接地对今天产生了影响。为了衡量过去单期对现在的影响,剔除其他期的作用,引入偏自相关系数。具体比较复杂,后面介绍 AR 模型的时候我们再详细论述。

(二) 平稳性

在时间序列分析中,平稳性是时间序列分析的基础。

时间序列的平稳性是其基本的假设,只有基于平稳时间序列的预测才是有效的。平稳性有强平稳和弱平稳之分,在一般条件下,我们所说的平稳时间序列指的是弱平稳时间序列。

我们先看第一个例子,来直观地感受一下平稳性。

图 1.12(a) 为上证综指部分年份的收盘价,是一个非平稳时间序列;图 1.12(b) 是其收益率;图 1.12(c) 和图 1.12(d) 为收益率的 n 阶差分,为平稳时间序列。

平稳性是金融时间序列分析的基础。同时,平稳性又分为严平稳性(Strictly Stationary)和弱平稳性(Weekly Stationary)。

1. 严平稳性

如果对所有的 t,任意正整数 k 和任意 k 个正整数

$$(t_1, t_2, \cdots, t_k), (r_{t_1}, r_{t_2}, \cdots, r_{t_k})$$

的联合分布与

$$(r_{t_1+t}, r_{t_2+t}, \cdots, r_{t_k+t})$$

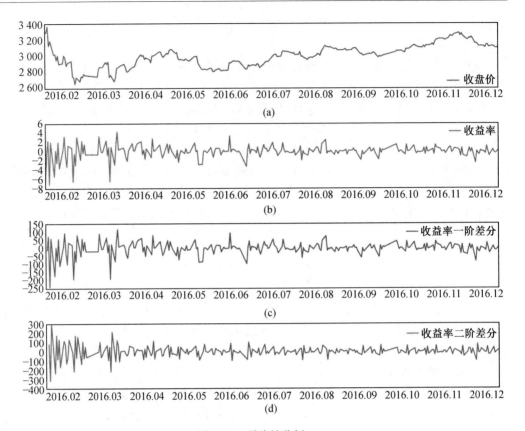

图 1.12 平稳性分析

的联合分布相同,我们称时间序列 $\{r_t\}$ 是严平稳性。

换言之,严平稳性要求

$$(r_{t_1}, r_{t_2}, \cdots, r_{t_k})$$

的联合分布在时间的平移变换下保持不变。这是一个很强的条件,难以用经验方法验证。经常假定的是平稳性的一个较弱的方式。下面重点介绍一下弱平稳性。

2. 弱平稳性

上证综指月对数收益率曲线如图 1.13 所示。

我们看到上证综指在 1996 年 1 月 1 日至 2018 年 1 月 1 日的月对数收益率在 0 值上下变化。在统计上,这种现象表明收益率的均值不随时间变化,或者说,期望收益率具有时间不变性。

图 1.13 也印证了这一点,除了在 1990 年至 1995 年的波动外,月对数收益率的范围大约在区间 [-0.2,0.2]。在统计上,该特征表明对数收益率的方差不随时间变化。

把上述两者结合在一起,我们就称对数收益率序列为弱平稳的。

如果一个时间序列 Xt 的一阶矩和二阶矩(均值和方差)具有时间不变性,则称它为弱平稳的。

弱平稳为预测提供了基础的框架。我们有理由相信沪深 300 未来的月收益率大约在 0 值左右,并且在 [-0.2,0.2] 之间变化。

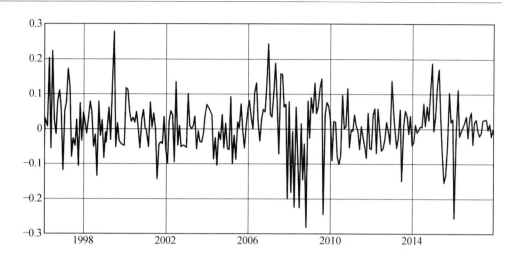

图 1.13　上证综指月对数收益率曲线

在金融文献中,通常假定资产收益率序列是平稳的,只要有足够多的历史数据,这个假定可以用实证方法验证。

那么,如何检验平稳性?

最直观的方法就是观察时间序列图、自相关性图和偏自相关性图。下面举一个例子具体说明。

图 1.14 为上证综指 2014 年 1 月 1 日至 2015 年 1 月 1 日的收盘价,并依次计算上证收盘价的自相关性和偏自相关性。如图 1.15 和图 1.16 所示。

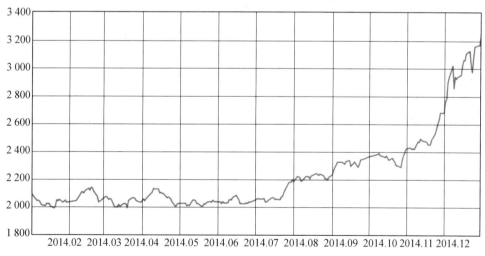

图 1.14　上证综指 2014 年 1 月 1 日至 2015 年 1 月 1 日收盘价

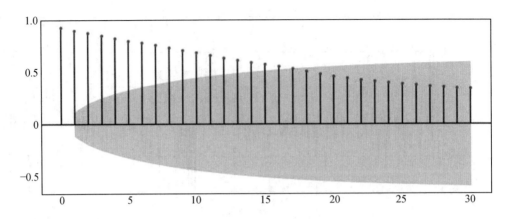

图1.15 上证综指收盘价的自相关性分析

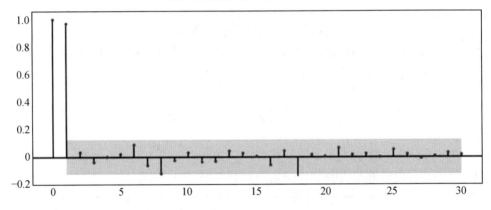

图1.16 上证综指收盘价的偏自相关性分析

对于平稳序列来说,自相关图和偏自相关图都会快速减小至0附近,或在某一阶后变为0。非平稳时间序列则是慢慢下降,不是快速减小。因此,上证指数的收盘价序列是非平稳的。

下面再对比一下,上证指数同期的收益率,并依次计算上证收盘价的自相关性和偏自相关性。如图1.17至图1.19所示。

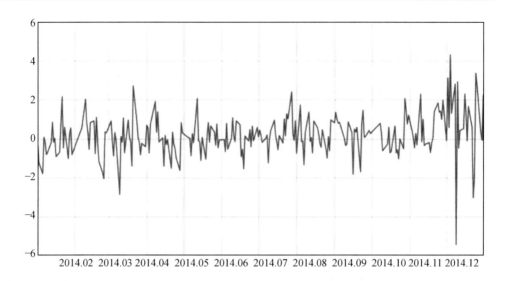

图 1.17 上证综指 2014 年 1 月 1 日至 2015 年 1 月 1 日收益率

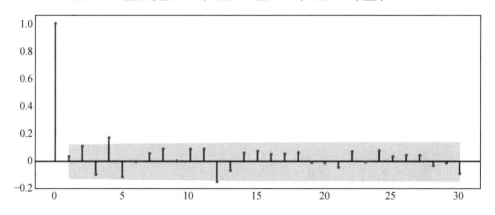

图 1.18 上证综指收益率的相关性分析

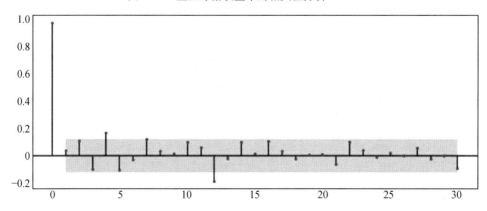

图 1.19 上证综指收益率的自相关性分析

由图 1.17 至图 1.19 可知,上证指数收益率序列是平稳的。

(三) 单位根检验

上面我们通过自相关性图和偏自相关性图来判断时间序列的平稳性时,是以最直观的角度去看的,多多少少会有一些差异。为了更加客观、准确地检验时间序列的平稳性,下面介绍一种统计检验,即单位根检验。

常见的单位根检验方法有 DF 检验(Dickey-Fuller Test)、ADF 检验(Augmented Dickey-Fuller Test)和 PP 检验(Phillips-Perron Test)。下面主要介绍 ADF 检验(Augmented Dickey-Fuller Test)。

ADF 的原假设为序列有单位根(非平稳)H_0,备择假设为序列是平稳的 H_1。对于一个平稳的时序数据,就需要在给定的置信水平上显著,拒绝原假设。

下面对上证综指的收盘价进行单位根检验。调用单位根检验函数,计算得到收盘价的 ADF 检验值为 -2.16,大于 (1%,5%,10%) 显著性水平下的临界值,因此无法拒绝原假设,说明上证综指的收盘价序列是非平稳的。收益率的 ADF 检验值为 -8.11,小于 (1%,5%,10%) 显著性水平下的临界值,因此拒绝原假设,说明上证综指的收益率序列是平稳的。

(四) 白噪声序列

若 x_t 是一个具有有限方差和有限均值的 IID(独立同分布,Independent and Identically Distributed)随机变量序列,则 $\{x_t\}$ 称为一个白噪声序列(White Noise)。其均值等于 0、方差等于 σ^2,协方差等于 0。可以得出,白噪声过程中各期变量之间的协方差为 0,也就是说白噪声过程是没有相关性的。这种时间序列也称为纯随机序列,如图 1.20 所示。

若 x_t 还服从均值为 0,方差为 σ^2 的正态分布,则称这个序列为高斯白噪声序列(Gaussian white noise)。

对于白噪声序列,一定是平稳的时间序列。

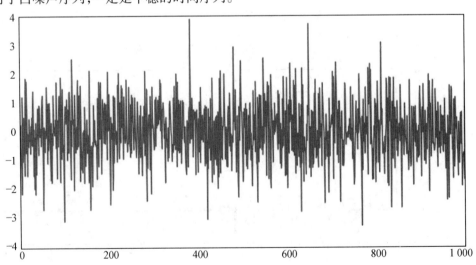

图 1.20 抛硬币的正反面结果的白噪声分析

概率统计理论中,任何时刻的取值都为随机变量,如果这些随机变量服从同一分布,并且互相独立,那么这些随机变量是独立同分布。如果随机变量 X_1 和 X_2 独立,是指 X_1 的取值不影响 X_2 的取值,X_2 的取值也不影响 X_1 的取值且随机变量 X_1 和 X_2 服从同一分布,这意味着 X_1 和 X_2 具有相同的分布形状和相同的分布参数,对离随机变量具有相同的分布律,对连续随机变量具有相同的概率密度函数,有着相同的分布函数,相同的期望、方差。如实验条件保持不变,一系列的抛硬币的正反面结果是独立同分布。

第三节 金融量化简史

任何事物的发展都遵循"萌芽,成长,质疑和成熟"的规律,量化交易也不例外,最早的量化交易可以追溯到 200 年前。

一、量化交易的萌芽

在量化交易的萌芽阶段,很多理论的提出都是概念性的、笼统性的,还没有达到准确定量。所以,导致人们对每一种方法都有各自不同的解读。

18 世纪中期,日本有一个米商叫本间宗久,他对期米(米的期货市场)情有独钟,当时正值大阪堂岛的"记账米交易"(类似于现在的期货交易和特权交易)的交易市场正式开张,他利用自己独创的价格组合,在多次的期米交易中赚取了大量财富。在别人还在看价格的时候,他已经看懂了价格组合(开盘价、收盘价、最高价、最低价组成了一幅蜡烛图)。他的市场研究著作《酒田战法》和《风、林、火、山》成书于 18 世纪,这种交易方法后来逐步演化成了现代日本投资者所应用的蜡烛图方法。这种方法的核心是试图对"价格组合"进行量化,从而形成独特的市场理解。

19 世纪初期,波浪理论开始流行,这是由美国证券分析家拉尔夫·纳尔逊·艾略特(R. N. Elliott)利用道琼斯工业平均指数作为研究工具而创建的。他发现呈结构性形态的图形可以连接起来,从而形成同样形态的更大图形,通过对这些图形的演绎,似乎可以很好地解释和预测市场的行为。由于波浪理论是把价格组合连接起来观察市场上,相当于跳出了日本蜡烛图技术的局部组合观察法,从总体上分析市场,所以在当时更胜一筹。当今国内还有很多理论是按这个方法构建的,比如缠论,就是在波浪的基础上加入了"量"和"蜡烛图分形"而形成的。波浪理论的核心是试图对市场走向的"结构因子"进行量化,从而预测市场趋势。

二、量化交易的成长

在量化交易的成长阶段,技术指标通过准确的模型公式消除了解读上的分歧,但这些简单的模型仍然在使用上令交易者产生重大的分歧和误区。

19 世纪末期,以 BOLL 指标的发明者约翰·布林为代表的一批证券分析师,发明了技术指标分析方法。技术指标是依据一定的数理统计方法,运用一些计算公式,来判断市场走势的量化分析方法,主要包括动量指标、相对强弱指数、随机指数等。这些指标其本质是对价格、成交量等进行二次数学计算,以便人们可以通过新的数值或图形来更精细地观察市场,这个方法比波浪理论更精细化,直到今天为止,仍然有很多人通过各类个性化的指标在市场上博弈。技术指标的核心是试图通过量价等的"二次转换"来实现量化维度转换,从而更细致地观测和判断走势。

三、量化交易的质疑

在量化交易的质疑阶段,《证券分析》的作者本杰明·格雷厄姆(价值投资之父)就认为技术分析是"骗人的巫术",量化交易甚至一度被学术界认为是黑色的艺术。

20世纪70年代,随着有效市场假说被金融理论界认为并成为主流。有效市场假说是由尤金·法玛(Eugene Fama)于1970年提出并深化的。有效市场假说起源于20世纪初,认为在法律健全、功能良好、透明度高、竞争充分的股票市场,一切有价值的信息已经及时、准确、充分地反映在股价走势当中,其中包括企业当前和未来的价值,除非存在市场操纵,否则投资者不可能通过分析以往价格获得高于市场平均水平的超额利润。而量化交易的理论根基认为市场并不有效,所以一定存在着超额利润,这部分超额利润是可以通过某种方法来获取的。

四、量化交易的重生

在量化交易的重生阶段,学者们通过争论也开始重新审视量化交易的理论基石是否存在。

1993年,量化交易的重要奠基论文发表,谢里丹·莱特曼博士写的《回到赢家和远离输家:对股票市场效率的启示》,首次论证了在各类市场广泛存在着可博弈的动量(Momentum)。2013年,克里夫·阿斯尼斯(Cliff Asness)(知名量化基金AQR的老板,也是诺贝尔奖获得者尤金·法玛最出名的学生之一)发表了对量化界影响意义深远的文章《价值和动量无处不在》(Value and momentum everywhere),进一步夯实了量化的理论基石。2008年,有效市场假说之父尤金·法玛在美国金融协会的采访中,也首次承认了动量的存在。

五、量化交易的成熟

20世纪末期,伴随着量化之父西蒙斯的出现,他所招募的数学家、物理学和生物学家们设计的算法模型问世了。这些算法模型大部分都是基于统计学、物理学和生物学原理,来研究金融市场的,并最终利用这些规律组合成若干个模型,交给计算机来自动执行。这些模型的背后,是更为复杂的数学原理,从这个意义上来讲,之前人们对量化的理解就相形见绌了。1989~2009年,他领导的大奖章基金平均年回报率约35%;2008年度收入更是高达25亿美元,位居《阿尔法》杂志"第八届全球对冲基金经理收入年度排行榜"首位。这些科学家所采用的方法是通过"数学因子"来量化金融市场,从而找到最佳的交易机会。

六、量化交易的普及

21世纪,随着Python系列算法库被对冲基金的算法工程师开源出来,量化交易开始迅速发展。美国于2011年率先进入了量化元年(量化元年的定义是量化被官方承认,比如,量化学术会议开始有证监会的人员参加)。2012年,高盛将600名交易员裁减为2人,这个国际领先的投资银行开始全部采用量化模型在全球市场上博弈,至今为止,高盛已经拥有2万个以上的算法模型。

在2016年之前,量化交易对于中国投资者来说仍然十分神秘,直到2015年12月,世坤(WorldQuant)向全世界公布了101个阿尔法表达式,并声称其中80%的因子仍然在实盘中使用,量化交易的神秘面纱至此揭开。2016年,中国的量化元年正式开启,中国人民大学和中国中期也首次开始组织专门的量化培训。2017年6月,国泰君安证券发布了自己的191个阿尔法因子。2018年全国40多所高校的160多知名金融学者和专家在西安召开会议,中国的金融人才培养也开始向量化转型。时至今日,量化已经和金融科技紧密结合,并成为金融科技的重要支柱之一。截至2021年9月,中国股票市场超百亿的量化私募已经超过20家,创历史新高。

本章小结

本章一方面需要重点理解的是"市场投资组合理论"和"时间序列分析"。市场投资组合理论主要关注的是风险和收益的平衡,而这可以归结为对"方差"的理解,或者说通过升维的办法来进行观测。时间序列分析是量化投资中常用的分析方法。对个体分析来讲,可以扔掉一些无用的数据,进行特征分析。对整体来讲,却不能跳过时间序列,但可以通过平移时间序列的方法来进行特征分析。另一方面需要了解量化投资200多年的发展历程,从成长到蜕变量化投资走过了很多弯路,甚至自身发展过程中也存在着不科学的地方,但最终逐渐被投资界所认可。

思考题1:根据市场投资组合理论,相关性分析的意义是什么?

思考题2:在时间序列分析中,如何检验错误数据?

第二章　量化投资中常用的 Python 知识要点

　　Python 是一种高层次的，结合了解释性、编译性、互动性和面向对象的脚本语言，其设计具有很强的可读性。它是一种解释型语言，这意味着开发过程中没有了编译这个环节；它是一种交互式语言，这意味着可以在 Python 提示符">>>"处直接输入程序语句；它是一种面向对象语言，这意味着它是一种支持把客观事物封装成抽象的类的编程技术。

　　Python 2 和 Python 3 是两个不同语法的版本，很多旧库只支持 Python 2，目前仍有小部分人在使用。Python 3 具有很多高级语言的特性，功能更加强大。Python 2 对中文支持不是很好，不支持中文文件名，图形中也不支持中文显示。Python 2.7 在 2020 年停止维护，很多公司已经明确不再为 Python 2 提供后续版本库的支持，因此，本书主要介绍 Python 3.7 的开发编程。

　　为什么 Python 这么受欢迎？简单来说，有下面五点原因。

　　(1) Python 可以在多种计算机操作系统(如 Windows, MacOS 等)中运行。

　　(2) Python 能够实现交互式命令输出。对于非专业程序员而言，都希望边编写程序，边查看结果。

　　(3) Python 是开源免费的，有很多强大易用的标准库。对于非专业的程序员而言，使用这些库可以免去自己编写的烦恼。

　　(4) Python 是一种解析性的、面向对象的编程语言。面向对象编程和一般的编程不太一样，有其自身的优势。

　　(5) Python 可以连接多种语言。

　　学习 Python 本身并不困难，有一点编程基础的人大概一周就可以上手，完全没有编程基础的人，三个月也可以入门使用。

第一节　Python 常用工具包

一、数值计算库和数据结构库

- NumPy——使用 Python 进行科学计算的基本软件包。
- Scipy——基于 Python 的开源软件生态系统，用于数学、科学和工程。
- Pandas——BSD 许可的开源库，为 Python 编程语言提供了高性能、易于使用的数据结构和数据分析工具。
- Quantdsl——用于金融和交易中定量分析的领域特定语言。
- Statistics——内置 Python 库，用于所有基本统计计算。

- Sympy——用于符号数学的 Python 库。
- Pymc3——Python 中的概率编程,Theano 的贝叶斯建模和概率机器学习。

(一)安装库

NumPy、scipy、pandas 是最为常用的 Python 数据计算库,这里以 NumPy 库为例作为学习范例,其他库可以参照 NumPy 库的方法步骤按需学习。

NumPy(Numerical Python)是一个开源 Python 库,几乎用于科学和工程的每个领域。它是在 Python 中处理数值数据的通用标准,也是科学 Python 和 PyData 生态系统的核心。NumPy 用户包括从初学者到从事最先进科学和工业研发的经验丰富的研究人员的所有人。NumPy API 广泛用于 Pandas、SciPy、Matplotlib、scikit-learn、scikit-image 和大多数其他数据科学和科学 Python 包。

NumPy 库包含多维数组和矩阵数据结构。它提供了 ndarray,一个同构的 n 维数组对象,以及对其进行有效操作的方法。NumPy 可用于对数组执行各种数学运算。它为 Python 添加了强大的数据结构,保证了对数组和矩阵的高效计算,并提供了一个庞大的高级数学函数库,可以对这些数组和矩阵进行操作。

安装 NumPy 的唯一先决条件是 Python 本身。如果用户还没有 Python 并且想要以最简单的方式开始,我们建议使用 Anaconda Distribution,包括 Python、NumPy 和许多其他用于科学计算和数据科学的常用包。

可进入 Python 官网(图 2.1)的首页下载安装软件。

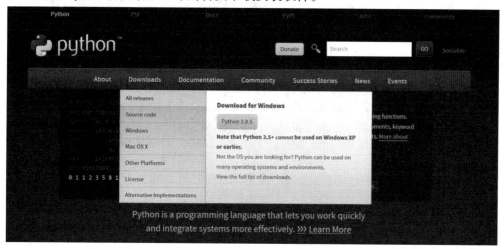

图 2.1 Python 官网

也可以通过 Anaconda 官网(图 2.2)安装。Anaconda 是一个和 Canopy 类似的科学计算环境,但其用起来更加方便,自带的包管理器 Conda 很强大。Anaconda 还提供了 Spyder,IPython 等 Python 开发工具环境。Anaconda 也支持不同操作系统,如 Windows,MacOS,Linux 等。

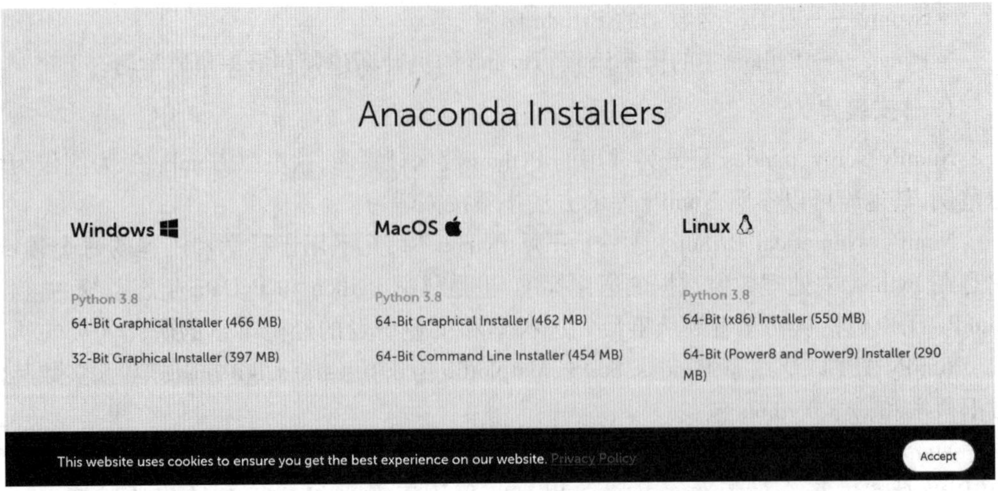

图 2.2　Anaconda 官网

NumPy 可以通过 conda、pip、MacOS 和 Linux 上的包管理器或从源代码安装。

如果使用 conda，则可以从默认值或 conda-forge 频道安装 NumPy(图 2.3)。

```
# Best practice, use an environment rather than install in the base env
conda create -n my-env
conda activate my-env
# If you want to install from conda-forge
conda config --env --add channels conda-forge
# The actual install command
conda install numpy
```

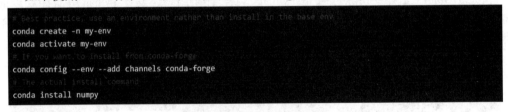

图 2.3　通过 conda 安装 NumPy

如果使用 pip，则可以使用以下命令安装 NumPy(图 2.4)。

```
pip install numpy
```

图 2.4　通过 pip 安装 NumPy

(二) 调用库

任何时候想在代码中使用包或库时，首先需要使其可访问。为了开始使用 NumPy 和 NumPy 中可用的所有函数，需要导入它。使用此导入语句可以轻松完成此操作。

import numpy as np

我们将 numpy 缩短为 np 以节省时间并保持代码标准化，以便任何使用该代码的人都可以轻松理解和运行它。

(三) 使用库

1. 数组 array

数组 array 和列表 list 类似，但是数据 array 可以定义维度，且适合做数学代数运算。

(1) 数组 array 生成。

① 输入：

from WindPy import *

w.start()

a = w.wsd("000001.SZ","close","2018-07-05","2018-07-11","")

b = w.wsd("000002.SZ","close,open","2018-07-05","2018-07-11","")

b

输出：

.ErrorCode=0

.RequestID=575

.Codes=[000002.SZ]

.Fields=[CLOSE,OPEN]

.Times=[20180705,20180706,20180709,20180710,20180711]

.Data=[[23.05,23.21,24.01,24.15,23.46],[23.02,23.34,23.37,24.2,23.48]]

② 输入：

a1 = np.array(a.Data[0])

a2 = np.array(b.Data)

print('这是一个一维数组:\n',a1)

print()

print('这是一个二维数组:\n',a2)

print()

print('查看 a1 的长度:\n',len(a1))

print()

print('查看 a2 的长度:\n',len(a2))

输出：

这是一个一维数组：

[8.6 8.66 9.03 8.98 8.78]

这是一个二维数组：

[[23.05 23.21 24.01 24.15 23.46]

 [23.02 23.34 23.37 24.2 23.48]]

查看 a1 的长度：

5

查看 a2 的长度：
2

③输入：
a2
输出：
array([[23.05, 23.21, 24.01, 24.15, 23.46],
       [23.02, 23.34, 23.37, 24.2 , 23.48]])

④输入：
a2[0,1]
输出：
23.21

(2) 数组 array 性质。
①输入：
'''数组元素整数转化为浮点数'''
print('数组类型:',a1.dtype)
float_arr = a1.astype(np.int)
print('改变数组类型后:',float_arr.dtype)
输出：
数组类型：float64
改变数组类型后：int64

②输入：
'''字符串数字转化为浮点数'''
numeric_string = np.array(['1.11','2.22','3.33'])
print(numeric_string, numeric_string.dtype)
print(numeric_string.astype(np.float), numeric_string.astype(np.float).dtype)
输出：
['1.11' '2.22' '3.33'] <U4
[1.11 2.22 3.33] float64

③输入：
print(a2)
print( )
print('第二行第三列元素(第二行索引为1,第三列索引为2):\n',a2[1,2])
print( )

```
print('倒数第一行(注意索引为-1):\n',a2[-1,:])
print()
print('第三列(索引为2):\n',a2[:,2])
print()
print('a2 形状:\n',a2.shape)
print()
print('a2 形状重构:\n',a2.reshape(5,2))
```
输出:
[[23.05 23.21 24.01 24.15 23.46]
 [23.02 23.34 23.37 24.2 23.48]]

第二行第三列元素(第二行索引为1,第三列索引为2):
23.37

倒数第一行(注意索引为-1):
[23.02 23.34 23.37 24.2 23.48]

第三列(索引为2):
[24.01 23.37]

a2 形状:
(2,5)

a2 形状重构:
[[23.05 23.21]
 [24.01 24.15]
 [23.46 23.02]
 [23.34 23.37]
 [24.2 23.48]]

④输入:
```
print('维度解锁:',a2.ravel())    #  ravel()函数可以将高维数组转化为一维数组
print()
print('按列求和:',a2.sum(axis=0))
print()
print('按列求积:',a2.prod(axis=0))
print()
print('全局最大值:',a2.max(),'全局最小值:',a2.min())
```

print()
print('按行求最大值:', a2.max(axis=0), '按列求最小值:', a2.min(axis=1))
print()
print('按列求均值:', a2.mean(axis=0))
print()
print('按行求标准差:', a2.std(axis=0))
输出:
维度解锁: [23.05 23.21 24.01 24.15 23.46 23.02 23.34 23.37 24.2 23.48]

按列求和: [46.07 46.55 47.38 48.35 46.94]

按列求积: [530.611　541.7214 561.1137 584.43　550.8408]

全局最大值: 24.2 全局最小值: 23.02

按行求最大值: [23.05 23.34 24.01 24.2 23.48] 按列求最小值: [23.05 23.02]

按列求均值: [23.035 23.275 23.69　24.175 23.47]

按行求标准差: [0.015 0.065 0.32　0.025 0.01]

⑤输入:
print('原矩阵:\n', a2)
print()
print('按列求和:\n', a2.sum(axis=0))
print()
print('按行求均值:\n', a2.mean(axis=1))
print()
print('按行累加:\n', a2.cumsum(axis=1))
输出:
原矩阵:
[[23.05 23.21 24.01 24.15 23.46]
 [23.02 23.34 23.37 24.2　23.48]]

按列求和:
[46.07 46.55 47.38 48.35 46.94]

按行求均值：
[23.576 23.482]

按行累加：
[[23.05   46.26   70.27   94.42 117.88]
 [23.02   46.36   69.73   93.93 117.41]]

⑥输入：
print('矩阵所有元素求指数：\n',np.exp(a2))
print()
print('矩阵所有元素求根号：\n',np.sqrt(a2))
输出：
矩阵所有元素求指数：
[[1.02444302e+10 1.20219502e+10 2.67553422e+10 3.07759692e+10
  1.54364896e+10]
 [9.94166153e+09 1.36909381e+10 1.41078893e+10 3.23538868e+10
  1.57483274e+10]]

矩阵所有元素求根号：
[[4.80104155 4.81767579 4.9   4.91426495 4.84355242]
 [4.79791621 4.83114893 4.83425279 4.91934955 4.84561658]]

⑦输入：
print('小数位数：\n',a1.round(decimals=2)) #控制小数位数
输出：
小数位数：
[8.6 8.66 9.03 8.98 8.78]

⑧输入：
print('原数组：\n',a1)
print()
print('向上取整：\n',np.floor(a1))
print()
print('向下取整：\n',np.ceil(a1))
print()
print('四舍五入(控制小数为2位)：\n',np.round(a1,2))
输出：
原数组：

[8.6 8.66 9.03 8.98 8.78]

向上取整：

[8. 8. 9. 8. 8.]

向下取整：

[9. 9. 10. 9. 9.]

四舍五入（控制小数为2位）：

[8.6 8.66 9.03 8.98 8.78]

数组常见一元函数见表2.1。

表2.1 数组常见一元函数

函数	说明
abs、fabs	计算整数、浮点数或复数的绝对值。对于非复数，使用fabs更快
sqrt、square、exp	计算各元素的平方根、平方、指数 e^x
log、log10、log2、log1p	自然对数、底数10的对数、底数2的对数、$\ln(1+x)$
sign	计算各元素的正负号：1,0,-1
ceil	计算各元素的取整：大于等于该数的最小整数
floor	计算各元素的取整：小于等于该数的最大整数
rint	各元素四舍五入最接近的整数，dtype不变
modf	将数组各元素的小数和整数部分以两个独立数组的形式返回
isnan、isfinite、isinf	判断各元素是否为NaN、是否有穷、是否为无穷
cos、cosh、sin、sinh、tan、tanh	一般和双曲型的三角函数
arccos、arccosh、arcsin、arcsinh、arctan、arctanh	反三角函数
sum、mean	数组全部或者按某个轴的方向进行求和、求均值
std、var	标准差、方差，自由度可以调整
min、max、argmin、argmax	最小和最大值、最小和最大元素的索引
cumsum、cumprod	数组全部或者按某个轴的方向进行累计和、累计积

（3）数组 array 间运算。

①输入：

c, r = np.array([1,2,3,4]), np.array([2,3,4,5])

print(c)

print(r)
输出：
[1 2 3 4]
[2 3 4 5]

②输入：
print('数组相加:',c + r)
print('数组相乘:',c * r)
print('数组乘方:',c ** r)
print('数组判断:',c >= 2)
print('向量内积:',c.dot(r.T))
输出：
数组相加：[3 5 7 9]
数组相乘：[2 6 12 20]
数组乘方：[1 8 81 1024]
数组判断：[False True True True]
向量内积：40

③输入：
print('取两个数组中的较大值组成新的数组:',np.maximum(c,r))
print('取两个数组中的较小者组成新的数组:',np.minimum(c,r))
输出：
取两个数组中的较大值组成新的数组：[2 3 4 5]
取两个数组中的较小者组成新的数组：[1 2 3 4]

④输入：
x1 = np.array([True,False,True])
x2 = np.array([False,False,True])
print(x1)
print(x2)
print(np.logical_and(x1,x2))
print(np.logical_or(x1,x2))
print(np.logical_xor(x1,x2))
输出：
[True False True]
[False False True]
[False False True]
[True False True]

[True False False]

数组常见二元函数见表2.2。

表2.2 数组常见二元函数

函数	说明
add、multiply	数组中对应的元素相加、相乘
substract	第一个数组减去第二个数组中的元素
divide、floor_divide	除法、向下取整除法(余数直接舍弃)
power	对于第一个数组中的元素,根据第二个数组中的对应元素,进行幂运算
maximum、fmax	元素级的最大值,fmax 功能相同只是忽略 NaN
minimum、fmin	元素级的最小值,fmin 功能相同只是忽略 NaN
mod	元素级的求余
copysign	将第二个数组中的值的符号复制给第一个数组中的值
greater、greater_equal、less、less_equal、equal、not_equal	元素级的比较运算,产生 True 或者 False 为元素的数组
logical_and、logical_or、logical_xor	元素级的逻辑判断(且、或者、不等于)

(4)数组 array 集合运算。

输入:

x = np.array([1,2,3,3,3,3,4,5,10,10,20,30])

y = np.array([100,20,40,10,3,2,1])

print('数组 x 中的唯一元素:\n',np.unique(x))

print()

print('数组 x 和 y 的公共元素:\n',np.intersect1d(x,y))

print()

print('数组 x 和 y 的并集:\n',np.union1d(x,y))

print()

print('数组 x 中的元素是否包含于 y:\n',np.in1d(x,y))

print()

print('集合差_在 x 中而不在 y 中的元素:\n',np.setdiff1d(x,y))

print()

print('只存在某个数组中,而不同时存在于两个数组中:\n',np.setxor1d(x,y))

输出:

数组 x 中的唯一元素:

[1 2 3 4 5 10 20 30]

数组 x 和 y 的公共元素:

[1 2 3 10 20]

数组 x 和 y 的并集：
[1 2 3 4 5 10 20 30 40 100]

数组 x 中的元素是否包含于 y：
[True True True True True True False False True True True False]

集合差_在 x 中而不在 y 中的元素：
[4 5 30]

只存在某个数组中,而不同时存在于两个数组中：
[4 5 30 40 100]

(5)数组 array 切片进阶。
①输入：
#还是以 000001 收盘价为例
a1
输出：
array([8.6 , 8.66, 9.03, 8.98, 8.78])

②输入：
#如果我们想按偶数来选取即选择数组中的 0,2,4,6,8
print(a1[::2])

#如果想按奇数来选择呢
print(a1[1::2])#这里的 1 表示从索引 1 开始截取
输出：
[8.6 9.03 8.78]
[8.66 8.98]

③输入：
#我们取多个指标看一下

#五粮液
from WindPy import *
w. start( )

w = w.wsd("000858.SZ","open,high,low,close,pct_chg","2018-07-05","2018-07-11","")

w

输出：

. ErrorCode = 0

. RequestID = 696

. Codes = [000858. SZ]

. Fields = [OPEN, HIGH, LOW, CLOSE, PCT_CHG]

. Times = [20180705, 20180706, 20180709, 20180710, 20180711]

. Data = [[71.69, 69.9, 71.58, 73.57, 71.2], [72.71, 71.98, 73.55, 74.13, 72.64], [69.7, 68.88, 70.4, 72.08, 70.93], [70.82, 70.62, 73.54, 73.37, 72.08], [0.1697312588401445, 1.5822798147378192, 4.134806003964897, -0.23116671199348016, -1.7582118031893357]]

④输入：

w1 = np. array(w. Data)

w1

输出：

array([[71.69, 69.9, 71.58, 73.57, 71.2],

[72.71, 71.98, 73.55, 74.13, 72.64],

[69.7, 68.88, 70.4, 72.08, 70.93],

[70.82, 70.62, 73.54, 73.37, 72.08],

[0.16973126, 1.58227981, 4.134806, -0.23116671, -1.7582118]])

⑤输入：

print('截取第1行第4,5个元素：\n', w1[0, 3:5])

print( )

print('截取第5行至最后，第5列至最后的元素：\n', w1[4:, 4:])

print( )

print('截取第3,5行，第1,3,5列\n', w1[2::2, ::2])

输出：

截取第1行第4,5个元素：

[73.57 71.2]

截取第5行至最后，第5列至最后的元素：

[[-1.7582118]]

截取第3,5行，第1,3,5列

[[69.7, 70.4, 70.93]

[0.16973126, 4.134806, -1.7582118]]

(6) 数组 array 排序。

①输入：

from WindPy import *

w.start()

000001.SZ 收益率为例

sy = w.wsd("000001.SZ","pct_chg","2018-07-05","2018-07-11","")

sy

输出：

.ErrorCode=0

.RequestID=696

.Codes=[000001.SZ]

.Fields=[PCT_CHG]

.Times=[20180705,20180706,20180709,20180710,20180711]

.Data=[[-0.11614401858303092,0.6976744186046435,4.272517321016167,-0.5537098560354226,-2.2271714922049157]]

②输入：

sy2 = np.array(sy.Data[0])

sy2

输出：

array([-0.11614402, 0.69767442, 4.27251732,-0.55370986,-2.22717149])

③输入：

#对一个数组 array,想找到其中大于 0 的数所在的索引位置 可以用 where 函数

print('大于 0 元素所在的索引:\n',np.where(sy2>0))

输出：

print('大于 0 元素所在的索引:\n',np.where(sy2>0))

大于 0 元素所在的索引：

(array([1, 2]),)

④输入：

#对于 exp 这个数组,希望对其按元素大小进行排序

print('从小到大排序:\n',np.sort(sy2))

输出：

从小到大排序：

[-2.22717149 -0.55370986 -0.11614402 0.69767442 4.27251732]

按行排序:axis=0　　　　按列排序:axis=1

⑤输入：
print('排序后元素所在的原索引位置',np.argsort(sy2))
输出：
排序后元素所在的原索引位置 [4 3 0 1 2]

(7)数组 array 拼接。
①输入：
a1
输出：
array([8.6, 8.66, 9.03, 8.98, 8.78])

②输入：
a3 = np.array(w.wsd("000858.SZ","close","2018-07-05","2018-07-11","")).Data)[0]
a3
输出：
array([70.82, 70.62, 73.54, 73.37, 72.08])

③输入：
print('纵向拼接：\n',np.vstack((a1,a3)))
print()
print('横向拼接：\n',np.hstack((a1,a3)))
输出：
纵向拼接：
 [[8.6   8.66 9.03 8.98 8.78]
 [70.82 70.62 73.54 73.37 72.08]]

横向拼接：
 [8.6   8.66 9.03 8.98 8.78 70.82 70.62 73.54 73.37 72.08]

④使用 np.r_和 np.c_也可以实现拼接的功能。
注意纵向拼接的时候，np.c_产生的结果是 5*2，而 np.r_产生的结果是 2*5，输入：
print('横向拼接：\n',np.r_[a1,a3])
print()
print('纵向拼接：\n',np.c_[a1,a3])

输出：

横向拼接：

[8.6 8.66 9.03 8.98 8.78 70.82 70.62 73.54 73.37 72.08]

纵向拼接：

[[8.6 70.82]

[8.66 70.62]]

(8)数组分解。

①输入：

a4 = np. array(w. wsd("000858. SZ", "close,open,low", "2018-07-05", "2018-07-11", ""). Data)

a4

输出：

array([[70.82, 70.62, 73.54, 73.37, 72.08],

[71.69, 69.9 , 71.58, 73.57, 71.2],

[69.7 , 68.88, 70.4 , 72.08, 70.93]])

②输入：

print('横向分解为5个数组：\n', np. hsplit(a4,5))

print( )

print('纵向分解为3个数组：\n', np. vsplit(a4,3))

输出：

横向分解为5个数组：

[array([[70.82],

[71.69],

[69.7]]), array([[70.62],

[69.9],

[68.88]]), array([[73.54],

[71.58],

[70.4]]), array([[73.37],

[73.57],

[72.08]]), array([[72.08],

[71.2],

[70.93]])]

纵向分解为3个数组：

[array([[70.82, 70.62, 73.54, 73.37, 72.08]]), array([[71.69, 69.9 , 71.58,

73.57, 71.2]]), array([[69.7 , 68.88, 70.4 , 72.08, 70.93]])]

2.常用数组

在工作或者学习中,有些数组是我们常用的,利用 NumPy 中的函数可以容易地产生这些数组。

(1)np.arange(起始数,终止数,间隔)。

输入:

np.arange()函数 终止数并不产生

print(np.arange(1,10,1))

print()

print(np.arange(1,10,0.1))

输出:

[1 2 3 4 5 6 7 8 9]

[1. 1.1 1.2 1.3 1.4 1.5 1.6 1.7 1.8 1.9 2. 2.1 2.2 2.3 2.4 2.5 2.6 2.7
2.8 2.9 3. 3.1 3.2 3.3 3.4 3.5 3.6 3.7 3.8 3.9 4. 4.1 4.2 4.3 4.4 4.5
4.6 4.7 4.8 4.9 5. 5.1 5.2 5.3 5.4 5.5 5.6 5.7 5.8 5.9 6. 6.1 6.2 6.3
6.4 6.5 6.6 6.7 6.8 6.9 7. 7.1 7.2 7.3 7.4 7.5 7.6 7.7 7.8 7.9 8. 8.1
8.2 8.3 8.4 8.5 8.6 8.7 8.8 8.9 9. 9.1 9.2 9.3 9.4 9.5 9.6 9.7 9.8 9.9]

(2)np.linspace(起始数,终止数,产生数的个数)。

输入:

#在指定区间返回均匀间隔的数字

print(np.linspace(1,10,10))

print()

print(np.linspace(-1,1,20))

np.linspace()函数 终止数是产生的

输出:

[1. 2. 3. 4. 5. 6. 7. 8. 9. 10.]

[-1. -0.89473684 -0.78947368 -0.68421053 -0.57894737 -0.47368421
-0.36842105 -0.26315789 -0.15789474 -0.05263158 0.05263158 0.15789474
0.26315789 0.36842105 0.47368421 0.57894737 0.68421053 0.78947368
0.89473684 1.]

(3)常用矩阵。

输入:

print('元素都为1的方阵:\n',np.ones((3,3)))

print()

```
print('元素都为 0 的方阵:\n',np.zeros((3,3)))
print()
print('单位阵:\n',np.eye(3))
```
输出:
元素都为 1 的方阵:
[[1. 1. 1.]
 [1. 1. 1.]
 [1. 1. 1.]]

元素都为 0 的方阵:
[[0. 0. 0.]
 [0. 0. 0.]
 [0. 0. 0.]]

单位阵:
[[1. 0. 0.]
 [0. 1. 0.]
 [0. 0. 1.]]

(4)np.tile()函数。
该函数的作用是重复某个对象为一定的结构。
①输入:
```
short = np.arange(1,4,1)
print(short)
long = np.tile(short,3)
print(long)
```
输出:
[1 2 3]
[1 2 3 1 2 3 1 2 3]

②输入:
```
small = np.eye(2)
print(small)
big = np.tile(small,(2,2))
print(big)
```
输出:
[[1. 0.]
 [0. 1.]]

```
[[1. 0. 1. 0.]
 [0. 1. 0. 1.]
 [1. 0. 1. 0.]
 [0. 1. 0. 1.]]
```

3. 常用常量

输入：

print('自然底数：', np.e)

print('缺失值：', np.NaN)

print('无穷大：', np.inf)

print('圆周率：', np.pi)

输出：

自然底数：2.718281828459045

缺失值：nan

无穷大：inf

圆周率：3.141592653589793

4. 随机数的生成

(1) 输入：

print('一维正态随机数：\n', np.random.randn(5))

print()

print('二维正态随机数：\n', np.random.randn(2,2))

print()

print('二维0-1均匀分布随机数：\n', np.random.rand(2,2))

print()

print('5 个 10-20 的均匀随机整数：', np.random.randint(10,20,5))

print()

print('二维均匀随机整数：\n', np.random.randint(10,50,(2,2)))

输出：

一维正态随机数：

[-0.35598675 0.60427801 -0.10406244 0.04912162 1.30213627]

二维正态随机数：

[[0.18039822 1.16696451]
 [0.47461821 0.48636438]]

二维 0~1 均匀分布随机数：

[[0.2596934 0.86565391]
 [0.24005625 0.8912786]]

5个10~20的均匀随机整数:[14 15 14 19 14]
二维均匀随机整数:
[[49 20]
[35 26]]

numpy.random 函数见表2.3。

表2.3 numpy.random 函数

函数	说明
seed	随机数生成器的种子
permutation	序列的随机排列或者随机排列的范围,不改变原数组
shuffle	序列就地随机排列,改变原数组
rand	均匀分布样本值
randint	给定上下限随机产生整数
randn	正态分布样本值
binomial	二项分布样本值
normal	正态分布样本值
beta	beta 分布样本值
chisquare	卡方分布样本值
gamma	Gamma 分布样本值
uniform	[0,1]均匀分布样本值
choice	从数组中随机选择若干个元素

(2)输入:
a = np.arange(1,11,1)
print(a)
np.random.shuffle(a)
print( )
print('随机打乱 a 中的元素顺序:\n',a)
输出:
[1 2 3 4 5 6 7 8 9 10]

随机打乱 a 中的元素顺序:
[9 3 10 7 1 6 5 4 8 2]

(3)输入:
print(a)
print( )

print('随机从a中选取5个元素:\n',np.random.choice(a,5))
输出:
[9 3 10 7 1 6 5 4 8 2]

随机从a中选取5个元素:
[9 1 10 1 4]

5. 矩阵性质

(1)输入:

x = np.random.randint(1,10,(3,3))
print('原矩阵:\n',x)
print()
print('矩阵对角线:\n',np.diag(x))
print()
print('矩阵上三角:\n',np.triu(x))
print()
print('矩阵下三角:\n',np.tril(x))
print()
print('矩阵的迹:\n',np.trace(x))
print()
print('矩阵的转置:\n',x.T)
输出:
原矩阵:
[[1 5 5]
 [7 4 5]
 [6 8 3]]

矩阵对角线:
[1 4 3]

矩阵上三角:
[[1 5 5]
 [0 4 5]
 [0 0 3]]

矩阵下三角:
[[1 0 0]
 [7 4 0]
 [6 8 3]]

矩阵的迹：
8

矩阵的转置：
[[1 7 6]
 [5 4 8]
 [5 5 3]]

(2)输入：
x = np. random. randint(1,10,(3,3))
print('原矩阵：\n',x)
print( )
print('矩阵元素向右循环移动2位：\n',np. roll(x,2))
输出：
原矩阵：
[[6 9 9]
 [5 5 2]
 [8 4 6]]

矩阵元素向右循环移动2位：
[[4 6 6]
 [9 9 5]
 [5 2 8]]

6. 矩阵运算
# numpy下的子模块linalg是一个线性代数运算库，关于矩阵运算主要使用该库来完成
import numpy. linalg as la
(1)输入：
#以000001行情数据为例
a5 = np. array(w. wsd("000001. SZ","close,open,low","2018-07-08","2018-07-11","").Data)
a5
输出：
array([[9.03, 8.98, 8.78],
       [8.69, 9.02, 8.76],
       [8.68, 8.89, 8.68]])

(2)输入：
print('原矩阵：\n',a5)
print()
print('矩阵的行列式：\n',la.det(a5))
print()
print('矩阵的逆：\n',la.inv(a5))
print()
print('矩阵的特征值分解：\n',la.eig(a5))
print()
print('矩阵的奇异值分解：\n',la.svd(a5))
输出：
原矩阵：
[[9.03 8.98 8.78]
 [8.69 9.02 8.76]
 [8.68 8.89 8.68]]

矩阵的行列式：
0.09675399999999847

矩阵的逆：
[[4.31196643   1.11416582 −5.48607809]
 [6.27984373 22.42801331 −28.98691527]
 [−10.74374186 −24.08479236 35.28949708]]

矩阵的特征值分解：
(array([2.65036938e+01, 2.08824580e−01, 1.74815890e−02]), array([[−0.58362007, −0.78625042, −0.09211654],
        [−0.57657184, 0.5886538, −0.64732544],
        [−0.57179763, 0.18787491, 0.75662693]]))

矩阵的奇异值分解：
(array([[−0.58355077, 0.78217367, −0.21834112],
        [−0.5766266, −0.58842029, −0.56680096],
        [−0.57181314, −0.20485584, 0.79439526]]), array([2.65057682e+01, 2.11310491e−01, 1.72745790e−02]), array([[−0.57510827, −0.58571691, −0.57112711],
        [0.81163598, −0.49595222, −0.30867203],
        [−0.10245733, −0.64106715, 0.76061515]]))

numpy.linalg 函数见表 2.4。

表 2.4 numpy.linalg 函数

函数	说明
diag	以一维数组的形式返回方阵的对角线元素或将一维数组转化为方阵
dot、trace、det	矩阵乘法、矩阵的迹运算、矩阵行列式
eig、inv、pinv	方阵的特征值和特征向量、方阵的逆、矩阵的 Moore-Penrose 伪逆
qr、svd	矩阵的 QR 分解、奇异值分解
solve	解线性方程组 $X\beta = y$,其中 X 为方阵
lstsq	计算 $X\beta = y$ 的最小二乘解

7. 多项式曲线拟合

例如,对于下面的这些散点进行多项式拟合。观察散点的形态,采用直线取拟合。如图 2.5 和图 2.6 所示。

(1)输入:

importmatplotlib.pyplot as plt   # 导入作图库   为了更好展示曲线拟合的结果
plt.style.use('ggplot')
x = np.linspace(-10,10,100)
y = 2*x + 1 + np.random.randn(100)*2
fig = plt.subplots(figsize=(14,8))
plt.plot(x, y, 'rx')
plt.show()

输出:

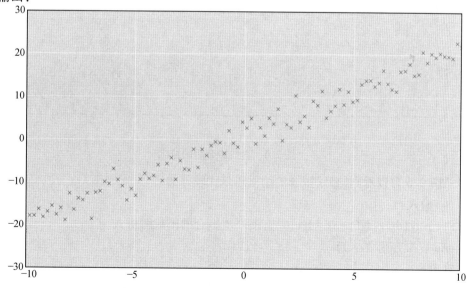

图 2.5 输入的数据情况

(2)输入：
from numpy import polyfit,poly1d
coef_fit = polyfit(x, y, 1)   #进行线性拟合 1 代表的是多项式拟合的多项式的阶数，这里指的是线性拟合
coef_fit   #查看拟合的系数
输出：
array([1.94243989, 1.17798665])

(3)输入：
fig = plt.subplots(figsize=(14,8))
plt.plot(x, y, 'rx',label='真实散点')
plt.plot(x, coef_fit[0] * x + coef_fit[1],'k-',label='拟合直线')
plt.legend(loc='best')
plt.show()
输出：

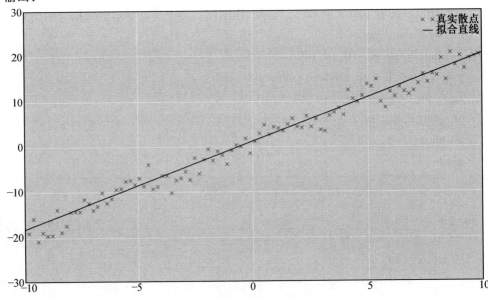

图 2.6 直线拟合后的结果

从图 2.6 可以看到，直线拟合的结果还是比较好的。
(4)输入：
f = poly1d(coef_fit)   #也可以直接产生拟合的函数解析式
print('拟合函数:',f)
输出：
拟合函数：
1.942 x + 1.178

二、金融工具和定价

- PyQL——QuantLib 的 Python 端口。
- pyfin——Python 中的基本期权定价。
- vollib——用于计算期权价格、隐含波动率和希腊字母的 Python 库。
- QuantPy——Python 中定量金融的框架。
- Finance——用于财务的 Python 工具。
- ffn——Python 的财务函数库。
- PyNance——开源软件,用于检索、分析和可视化来自股票和衍生品市场的数据。
- tia——集成和分析工具包。
- hasura/base-python-dash——快速入门以部署 Dash 框架。Dash 写在 Flask,Plotly.js 和 React.js 之上,是使用高度自定义用户界面构建数据可视化应用程序的理想选择。
- hasura/base-python-bokeh——快速入门,可使用 bokeh 库可视化数据。
- pysabr——SABR 模型的 Python 实现。
- FinancePy——专注于金融衍生产品的定价和风险管理的库,包括固定收益、股票、外汇和信用衍生产品。
- FinancePy-Examples——如何使用 FinancePy 的示例。

三、技术指标

- pandas_talib——技术分析指标的 Python Pandas 实现。
- finta——在 Pandas 中实施的常见财务技术分析指标。
- Tulipy——金融技术分析指标库(tulipindicators 的 Python 绑定)。

四、交易与回测

- TA-Lib——对金融市场数据进行技术分析。
- trade——用于开发金融应用程序的 Python 框架。
- zipline——Pythonic 算法交易库。
- QuantSoftware Toolkit——基于 Python 的开源软件框架,旨在支持产品组合的构建和管理。
- quantitative——定量金融和回测库。
- analyzer——用于实时财务和回测交易策略的 Python 框架。
- bt——Python 的灵活回测。
- backtrader——用于交易策略的 Python 回测库。
- pythalesians——Python 库,用于回溯交易策略、绘制图表、无缝下载市场数据、分析市场模式等。
- pybacktest——Python/pandas 中的矢量化回测框架,旨在简化回测。
- pyalgotrade——Python 算法交易库。
- trading with Python——定量交易的功能和类的集合。

- Pandas TA——易于使用的 Python 3 Pandas 扩展，具有 115 多个指标。轻松建立自定义策略。
- ta——使用 Pandas 的技术分析库（Python）。
- algobroker——算法交易的执行引擎。
- pysentosa——Sentosa 交易系统的 Python API。
- finmarketpy——Python 库，用于回测交易策略和分析金融市场。
- binary-martingale——自动交易二元期权的计算机程序。
- fooltrader——使用大数据技术提供一种统一的方式来分析整个市场。
- zvt——该项目使用 sql,pandas 提供统一且可扩展的方式来记录数据、计算因子、选择安全对象、回测、实时交易，并且可以将所有这些内容实时清晰地显示在图表中。
- pylivetrader——兼容 zipline 的实时交易库。
- pipeline-live——zipline 具有 IEX 的管道功能，可进行实时交易。
- zipline-extensions——QuantRocket 的 Zipline 扩展和适配器。
- moonshot——基于 Pandas 的 QuantRocket 的矢量化回测器和交易引擎。
- PyPortfolioOpt——Python 中的金融投资组合优化，包括经典的有效边界和先进的方法。
- riskparity.py——基于 TensorFlow2.0 的快速、可扩展的风险评价投资组合。
- mlfinlab——Marcos Lopez de Prado 关于"金融机器学习的进展"的实现（特征工程，财务数据结构，元标签）。
- pyqstrat——快速、可扩展、透明的 Python 库，用于回测定量策略。
- NowTrade——Python 库，用于回溯股票和货币市场中的技术/机械策略。
- pinkfish——用于证券分析的回测器和电子表格库。
- aat——异步算法交易引擎。
- Backtesting.py——Python 中的回测交易策略。
- catalyst——Python 中加密资产的算法交易库。
- quantstats——用 Python 编写的量化组合分析。
- qtpylib——QTPyLib,Pythonic 算法交易。
- Quantdom——基于 Python 的框架，用于回测交易策略和分析金融市场。
- freqtrade——免费的开源加密货币交易机器人。
- algorithmic-trading-with-python——免费的 pandas 和 scikit 学习资源，可用于对金融数据进行交易模拟、回测和机器学习。
- DeepDow——深度学习优化投资组合。

五、风险分析

- pyfolio——Python 中的投资组合和风险分析。
- empyrical——常见的财务风险和绩效指标。
- fecon235——金融经济学的计算工具包括 leptokurtotic 风险的高斯混合模型,自适应 Boltzmann 投资组合。

- finance——财务风险计算。通过类构造和操作员重载进行了优化,易于使用。
- qfrm——定量金融风险管理。OOP 工具,用于测量、管理和可视化金融工具和投资组合的风险。
- visualize-wealth——投资组合构建和定量分析。
- VisualPortfolio——用于可视化投资组合的绩效。

六、因子分析

- alphalens——预测性 alpha 因子的性能分析。

七、时间序列

- ARCH——Python 中的 ARCH 模型。
- statsmodels——Python 模块,允许用户浏览数据、估计统计模型和执行统计测试。
- dynts——用于时间序列分析和处理的 Python 软件包。
- PyFlux——Python 库,用于对模型进行时间序列建模和推理(频率和贝叶斯)。
- tsfresh——从时间序列中自动提取相关特征。
- hasura/quandl——metabase Hasura 快速入门,可通过 Metabase 可视化 Quandl 的时间序列数据集。

八、日历

- trading_calendars——联交所交易日历。
- bizdays——工作日计算和实用程序。
- pandas_market_calendars——与 Pandas 一起使用的交换日历,用于交易应用程序。

九、数据源

- chinesestockapi——获取中国股票价格的 Python API。
- tushare——抓取中国股票历史和实时行情数据的实用程序。
- cn_stock_srctushare——用于从不同来源检索中国基本库存数据的实用程序。
- pytdx——用于从 TongDaXin 节点检索中国股票实时报价数据的 Python 接口。
- findatapy——Python 库,用于通过 Bloomberg, Quantl, Yahoo 等下载市场数据。
- googlefinance——Python 模块,可从 Google Finance API 获取实时库存数据。
- yahoo-finance——从 Yahoo 获取股票数据的 Python 模块金融。
- pandas-datareader——Python 模块,用于将来自各种来源(Google 财经,Yahoo Finance,FRED,OECD,Fama / French,世界银行,Eurostat ...)的数据转换为 Pandas 数据结构,例如 DataFrame,具有缓存机制的 Panel。
- pandas-finance——用于访问和分析财务数据的高级 API。
- pyhoofinance——快速查询 Yahoo Finance 的多个代码,并返回键入的数据进行分析。
- yfinanceapi——适用于 Python 的 Finance API。

- yql-finance-yql——finance 简单快速。API 返回当前时间段的股票收盘价和当前股票行情记录(即 APPL,GOOGL)。
- ystockquote——从 Yahoo Finance 检索股票报价数据。
- wallstreet——实时股票和期权数据。
- stock_extractor——在线资源中的通用股票提取器。
- Stockex——从 Yahoo 获取的财务 API。
- finsymbols——获得 SP500,AMEX,NYSE 和 NASDAQ 的股票代码和相关信息。
- FRB——FRED® API 的 Python 客户端。
- inquisitor——Econdb.com API 的 Python 接口。
- yfi——Yahoo 的 YQL 库。
- exchange——获取当前汇率。
- ticks——获取股票行情数据的简单命令行工具。
- pybbg——彭博 COM API 的 Python 接口。
- ccy——货币的 Python 模块。
- jsm——获取日本股市数据。
- coinmarketcap——用于 coinmarketcap 的 Python API。
- after-hours——获取给定交易品种的盘前和盘后股价。
- bronto-python——用于 Python 的 Bronto API 集成。
- pdblp——一个用于集成 Pandas 和 Bloomberg Open API 的简单界面。
- tiingo——由 Tiingo 数据平台提供支持的 Python 界面,用于每日综合价格/ OHLC /交易量+实时新闻摘要。
- iexfinance——Python 界面,用于从投资者交易所获取实时和历史价格以及股票数据。
- pyEX——IEX 的 Python 界面,重点是 Pandas,对流数据,高级数据,点数据(经济,汇率,商品)和技术指标的支持。
- alpaca-trade-api——Python 接口,用于从 Alpaca API 检索实时和历史价格以及执行交易。
- metatrader5——MetaTrader 5 终端的 API 连接器。
- AkShare——用于 Python 优雅而简单的财务数据接口库。
- yahooquery——用于通过非官方 Yahoo Finance API 检索数据的 Python 接口。
- investpy——使用 Python 从 Investing.com 提取财务数据。
- yliveticker——来自 Yahoo Finance websocket 的实时市场数据流。
- bbgbridge——易于使用的 Bloomberg Desktop API 包装器,适用于 Python。

(一)安装库

这里主要介绍一下 Tushare。Tushare 是一个免费、开源的 Python 财经数据接口包。主要实现对股票等金融数据从数据采集、清洗加工到数据存储的过程,能够为金融分析人员提供快速、整洁和多样的便于分析的数据,为他们在数据获取方面极大地减轻工作量,使他们更加专注于策略和模型的研究与实现。考虑到 Python Pandas 包在金融量化分析中体现出的优势,Tushare 返回的绝大部分的数据格式都是 Pandas Data Frame 类型,非常便于用 Pandas/NumPy/Matplotlib 进行数据分析和可视化。当然,如果习惯了用 Excel 或者关系型数据库做分析,也可以通过 Tushare 的数据存储功能,将数据全部保存到本地后进行分析。应一些用户的请求,从 0.2.5 版本开始,Tushare 同时兼容 Python 2.x 和 Python 3.x,对部分代码进行了重构,并优化了一些算法,确保数据获取的高效和稳定。

使用前提是需要安装好 Python 和 Panads 环境,安装方式一种为使用 pip,pip install tushare。另外一种方式为,访问 https://pypi.python.org/pypi/tushare/下载安装。版本升级 pip install tushare—upgrade。

(二)数据类别

交易类数据提供股票的交易行情数据,通过简单的接口调用可获取相应的 DataFrame 格式数据,主要包括:历史行情数据;复权历史数据;实时行情数据;历史分笔数据;实时报价数据;当日历史分笔;大盘指数列表;大单交易数据。

投资参考数据提供一些可能会影响股票价格走势的信息数据,为投资者在做投资决策时提供数据参考,亦可作为量化策略模型的事件因子纳入模型的计算。Tushare 提供的参考数据主要包括:分配预案;业绩预告;限售股解禁;基金持股;新股上市;融资融券(沪市);融资融券(深市)。

分类数据提供股票的分类信息数据,从股票类型的不同角度进行数据分类,在一些统计套利方法的应用中,时常会以股票的分类来做切入,比如对某些行业或概念进行阶段统计来决定近期的交易策略等。Tushare 提供的分类数据主要包括:行业分类;概念分类;地域分类;中小板分类;创业板分类;风险警示板分类;沪深 300 成份股及权重;上证 50 成份股;中证 500 成份股;终止上市股票列表;暂停上市股票列表。

基本面类数据提供所有股票的基本面情况,包括股本情况、业绩预告和业绩报告等。主要包括:沪深股票列表;业绩预告;业绩报告(主表);盈利能力数据;营运能力数据;成长能力数据;偿债能力数据;现金流量数据。

宏观经济数据提供国内重要的宏观经济数据,目前只提供比较常用的宏观经济数据,通过简单的接口调用可获取相应的 DataFrame 格式数据,大项主要包括:金融信息数据;国民经济数据;价格指数数据;景气指数数据;对外经济贸易数据。

新闻事件接口主要提供国内财经、证券、港股和期货方面的滚动新闻,以及个股的信息地雷数据。目前主要包括:即时财经新闻;个股信息地雷;新浪股吧新闻。

龙虎榜数据接口提供历史龙虎榜上榜股票数据,主要包括:每日龙虎榜列表;个股上榜统计;营业部上榜统计;龙虎榜机构席位追踪;龙虎榜机构席位成交明细。

Shibor 接口是获取上海银行间同业拆放利率(Shanghai Interbank Offered Rate,Shibor)的便捷接口,以年为参数获取,可以取到公布的 Shibor 品种包括隔夜、1 周、2 周、1 个月、3 个月、6 个月、9 个月及 1 年的周期数据。目前主要包括:Shibor 拆放利率;银行报价数据;Shibor 均值数据;贷款基础利率(LPR);LPR 均值数据。

十、Excel 整合

- xlwings——使 Excel 与 Python 一起运行。
- openpyxl——读取/写入 Excel 2007 xlsx / xlsm 文件。
- xlrd——从 Microsoft Excel 电子表格文件中提取数据的库。
- xlsxwriter——以 Excel 2007+ XLSX 文件格式写入文件。
- xlwt——用于在任何平台上创建与 MS Excel 97/2000 / XP / 2003 XLS 文件兼容的电子表格文件的库。
- DataNitro——提供功能全面的 Python-Excel 集成,包括 UDF。可以下载试用版,但用户必须购买许可证。
- XLLoop——一个开放源代码框架,用于在集中式服务器(功能服务器)上实现 Excel 用户定义功能(UDF)。
- ExPy——加载项允许直接从 Microsoft Excel 电子表格中轻松使用 Python,以执行任意代码并定义新的 Excel 函数。
- PyXLL——一个 Excel 加载项,使用户可以仅使用 Python 代码扩展 Excel。

十一、可视化

- D-Tale——可视化程序,用于 Pandas 的 DataFrame 和 xarray 数据集。

第二节 Python 入门基础补充

一、Python 基本语法

初次使用 Python,首先要明确三点。

(1) Python 的标识符(例如变量名、函数名等),可用字母、数字和下划线构成,不能以数字开头,且区分大小写。

(2) Python 对于缩进敏感。在 Python 中,使用缩进来写代码块。

(3) Python 的注释语句一般用#开头。多行注释可以使用三引号。

① 输入:

```
'''
这里使用了多行注释
使用三引号将注释内容包含起来
在代码中只能使用#开头的注释语句
'''
a = 1        #小写字母定义变量
A = 2        #大小字母定义变量
a1 = 3       #小写字母+数字 一起来定义变量
a_b_c = 4    #小写字母+下划线 来定义变量
```

```
_n_ = 5        #下划线+小写字母 来定义变量
print(a,A,a1,a_b_c,_n_)
```
输出结果:
1,2,3,4,5

②输入:
'''
使用缩进来说明代码块
下面编写了一个循环
注意到循环体 N=N+n 相对于之前的代码缩进了
因为它是整个循环的循环体,需要通过缩进标识出来
'''
```
N = 0
for n in [1,2,3,4,5]:
    N = N + n
print(N)
```
输出结果:
15

二、Python 基本数据类型

Python 中基础的数据类型只有两类:字符串 string 和数字。在数字类型下,可细分为 4 个类型:整型 int、长整型 long、浮点数 float 和复数 complex。常用的数字类型为整型 int 和浮点数 float。

(一)字符串 string

关于字符串,有下面三点需要注意。其中第三点尤为关键,且不光是针对字符串,对于 Python 中所有的索引都是适用的。

(1)Python 用单引号' ',双引号" ",三引号''' '''来标识字符串,三引号用于多行文本。

(2)字符串也是一个序列,可以截断和切片。

(3)注意 Python 中的索引:从左到右索引默认从 0 开始,最大范围为字符串长度-1。从右向左索引默认从-1 开始,最大范围是字符串开头。

尝试在 Python 输入以下内容,体会 Python 的基本规则。

①输入:
```
string = 'I love Py!'
long_string = '''
I love Py
and Py welcomes everyone
We are a family
'''
```

#上面定义两个字符串,其中 long_string 为一个多行的字符串,所以用"""包含起来
print(string)
print(long_string)
输出结果:
I love Py!
I love Py
and Py welcomes everyone
We are a family

②输入:
print('字符串的第一个元素(注意索引为0):   ',string[0])
print('字符串的倒数第一个元素(支持负索引):   ',string[-1])
print('原字符串(注意空格也占据一个字符):   ',string)
print('字符串索引2至5(注意索引的话左包含右不包含):',string[2:6])
print('字符串索引2至最后: ',string[2:])
print('字符串索引-2至最后: ',string[-2:])
输出结果:
字符串的第一个元素(注意索引为0):   I
字符串的倒数第一个元素(支持负索引):   !
原字符串(注意空格也占据一个字符):   I love Py!
字符串索引2至5(注意索引的话左包含右不包含):love
字符串索引2至最后: love Py!
字符串索引-2至最后: y!

③输入:
'''
关于字符串的运算
'''
print('字符串重复2遍:',string * 2)
print('字符串的拼接:',string + ' and Py welcomes everyone!')
输出结果:
字符串重复2遍:I love Py! I love Py!
字符串的拼接:I love Py! and Py welcomes everyone!

④输入:
'''
\n 可用来字符串的换行
'''

print('我想换行\n换行成功')
输出结果：
我想换行
换行成功

⑤输入：
'''
\t 可用来输入制表符
'''
print('我想插入一个制表符\t插入成功')
输出结果：
我想插入一个制表符	插入成功

(二)数字 number

数字可以细分为四个类型，一般常用的是整型 int 和浮点数 float。见表 2.5。

表 2.5　数字类型

类型	描述	示例
整型 int	正或负的整数，无小数点	10
长整型 long	无限大小的整数	6321L
浮点数 float	整数和小数构成	2.23,2.5e2
复数 complex	实数和虚数构成	2+3j

输入：
x1 = 10 ; x2 = 2.23　　#用分号隔开,可以在一行中写多个语句
type(x1),type(x2)
输出结果：
(int, float)

三、Python 数据集合类型

在基础数据类型的基础上，Python 有 6 种数据集合的类型。
(1)列表 list,最常用的数据类型,以[ ]为标识。
(2)元组 tuple,和 list 很相似,但是不能二次赋值,用( )标识。
(3)集合 set,和 list 类似,但是 set 中没有重复的元素,常用于集合间的运算,用{ }标识。
(4)字典 dict,无序的对象集合,字典中的元素通过关键词 key 来调用,同样以{ }来标识。
(5)数组 array,科学计算和代数运算常用的数据类型,在后续 NumPy 库系列详细说明。

(6)数据框 dataframe,数据分析处理常用的数据类型,在后续 Pandas 库系列详细说明。

(一)列表 list

(1)输入:

print('这里定义了一个列表 list——x1,注意到列表 x1 中的元素是可以不同的,这里由两个数字 1 和 2,一个字符串 James,一个列表[1,2,3]这四个元素构成了 x1 这个列表 list。')

x1 = [1,2,'James',[1,2,3]]

print(x1)

输出结果:

这里定义了一个列表 list——x1,注意到列表 x1 中的元素是可以不同的,这里由两个数字 1 和 2,一个字符串 James,一个列表[1,2,3]这四个元素构成了 x1 这个列表 list。

[1, 2, 'James', [1, 2, 3]]

(2)输入:

print('如何来调用列表 x1 中的某个或者某几个元素呢?? \n')   #这里的\n 的含义是空一行

print('调用列表 x1 的第一个元素(注意第一个元素的索引为 0):',x1[0])

print('调用列表 x1 的最后一个元素(注意最后一个元素的索引为-1):',x1[-1])

print('调用列表 x1 的前两个元素(注意索引的时候右不包含):',x1[:2])

输出结果:

如何来调用列表 x1 中的某个或者某几个元素呢??

调用列表 x1 的第一个元素(注意第一个元素的索引为 0): 1

调用列表 x1 的最后一个元素(注意最后一个元素的索引为-1): [1, 2, 3]

调用列表 x1 的前两个元素(注意索引的时候右不包含): [1, 2]

这里要说明的是,Python 下序列(例如数组、列表、元组等)的索引,是从 0 开始而非从 1 开始。从左到右索引默认从 0 开始,从右到左索引默认从-1 开始。一般索引的方式为序列[索引开始:索引结尾],且要注意 Python 索引是右不包含,即索引结尾对应的元素是不包含在结果中的。

(3)输入:

print('关于列表的运算\n')

x2 = ['a','b','c']

print('将两个列表 x1 和 x2 拼接起来',x1+x2)

x1.append('新增元素')

print('在列表 x1 中添加一个元素',x1)

print('将列表 x2 重复两遍',x2 * 2)

输出结果：
关于列表的运算

将两个列表 x1 和 x2 拼接起来 [1, 2, 'James', [1, 2, 3], 'a', 'b', 'c']
在列表 x1 中添加一个元素 [1, 2, 'James', [1, 2, 3], '新增元素']
将列表 x2 重复两遍 ['a', 'b', 'c', 'a', 'b', 'c']

(4) 输入：
'''
append 是在列表的末尾添加元素,那如果要在列表中间添加元素怎么做呢？
'''
print('原列表：',x1)
x1.insert(2,1000)
print('在索引 2 位置添加了新的元素：',x1)
输出结果：
原列表：[1, 2, 'James', [1, 2, 3], '新增元素']
在索引 2 位置添加了新的元素：[1, 2, 1000, 'James', [1, 2, 3], '新增元素']

(5) 输入：
'''
根据索引来删除列表中的元素
'''
print('原列表：',x1)
x1.pop(3)
print('删除索引 3 上的元素后：',x1)
输出结果：
原列表：[1, 2, 1000, 'James', [1, 2, 3], '新增元素']
删除索引 3 上的元素后：[1, 2, 1000, [1, 2, 3], '新增元素']

(6) 输入：
'''
在列表中添加多个元素
'''
print('原列表：',x1)
x1.extend([0,1,2,3,4,5,6])
print('添加多个元素后：',x1)
输出结果：
原列表：[1, 2, 1000, [1, 2, 3], '新增元素']

添加多个元素后:[1,2,1000,[1,2,3],'新增元素',0,1,2,3,4,5,6]

(7)输入:
'''
根据元素值来删除元素
'''
print('原列表:',x1)
x1.remove('新增元素')
print('删除"新增元素"元素后:',x1)
输出结果:
原列表:[1,2,1000,[1,2,3],'新增元素',0,1,2,3,4,5,6]
删除"新增元素"元素后:[1,2,1000,[1,2,3],0,1,2,3,4,5,6]

(8)输入:
x2 = [1,1,1,1,2,2,2,3,43,4,5,6,4]
print('查看元素1在列表中出现的次数:',x2.count(1))
输出结果:
查看元素1在列表中出现的次数:4

(9)输入:
print('关于列表的排序\n')
x3 = [-10,-2,1,-100,333,1000]
print('原列表:',x3)
x3.sort()
print('按从小到大排序:',x3)
x3.sort(reverse=Truc)
print('按从大到小排序:',x3)
输出结果:
关于列表的排序

原列表:[-10,-2,1,-100,333,1000]
按从小到大排序:[-100,-10,-2,1,333,1000]
按从大到小排序:[1000,333,1,-2,-10,-100]

(二)元组 tuple

(1)输入:
x3 = (66.6,'资讯',1.0000)
print('这是一个元组 tuple:',x3)
x3[0] = 1

输出结果：
这是一个元组 tuple：(66.6, '资讯', 1.0)

(2)输入：
print('关于元组 tuple 的相关计算：')
print(x3 + ('a','b'))
print(x3 * 2)
#从结果可以发现，元组的一些计算和列表 list 是类似的
输出结果：
关于元组 tuple 的相关计算：
(66.6, '资讯', 1.0, 'a', 'b')
(66.6, '资讯', 1.0, 66.6, '资讯', 1.0)

可以发现，当想对一个元组 tuple 的第一个元素（索引 0）重新赋值时，则会报错。说明元组一旦定义好了就不能二次赋值了。但是要注意如下这种情况：
(3)输入：
x4 = ('jack',1000,[1,2,3])
x4[2][1] = 1000
x4
输出结果：
('jack', 1000, [1, 1000, 3])

在 x4 这个元组中，索引 2 对应的元素是一个列表[1,2,3]，那么这个列表中的元素做一个更改的话是可以的。

(三)集合 set
(1)输入：
x0 = [1,1,2,2,3,3,4,4,5,5]
print('含有重复元素的一个列表 x0：',x0)
x0_set = set(x0)
print('将列表 x0 转化一个集合：',x0_set)
print('可以发现集合 x0_set 中没有重复的元素')
输出结果：
含有重复元素的一个列表 x0：[1, 1, 2, 2, 3, 3, 4, 4, 5, 5]
将列表 x0 转化一个集合：{1, 2, 3, 4, 5}
可以发现集合 x0_set 中没有重复的元素

(2)输入:
```
print('关于集合 set 的计算')
set1 = {1,2,3,4,5}
set2 = {2,3,4}
print('集合 set1:',set1,'\n','集合 set2:',set2)
print('集合 set1 和集合 set2 的差集:',set1-set2)
print('集合 set1 和集合 set2 的交集:',set1.intersection(set2))
```
输出结果:
关于集合 set 的计算
集合 set1:{1, 2, 3, 4, 5}
集合 set2:{2, 3, 4}
集合 set1 和集合 set2 的差集:{1, 5}
集合 set1 和集合 set2 的交集:{2, 3, 4}

(3)输入:
```
print('集合 set1:',set1,'\n','集合 set2:',set2)
print('集合 set1 和集合 set2 的交集:',set1&set2)
print('集合 set1 和集合 set2 的并集:',set1|set2)
```
输出结果:
集合 set1:{1, 2, 3, 4, 5}
集合 set2:{2, 3, 4}
集合 set1 和集合 set2 的交集:{2, 3, 4}
集合 set1 和集合 set2 的并集:{1, 2, 3, 4, 5}

(四)字典 dict

(1)输入:
```
#字典定义方式一
dict1 = {}    #先创建一个空字典
dict1['姓名'] = '量化'
dict1['年龄'] = 0.5
dict1['能力值'] = 1000
print(dict1)
#字典定义方式二
dict2 = {'姓名':'Kobe Bryant','身高':198,'冠军数':5}
print(dict2)
```
输出结果:
{'能力值':1000,'年龄':0.5,'姓名':'量化'}
{'身高':198,'冠军数':5,'姓名':'Kobe Bryant'}

(2)输入：
#字典定义方式三
dict3 = dict.fromkeys(['A','B','C'],1000)
print(dict3)
#字典定义方式四
dict4 = dict(zip(['A','B','C'],[1,10,100]))
print(dict4)
输出结果：
{'B': 1000, 'A': 1000, 'C': 1000}
{'B': 10, 'A': 1, 'C': 100}

(3)输入：
print('字典由关键词 key 和值 value 两个部分构成')
print('查看字典 dict2 的关键词:',dict2.keys())
print('查看字典 dict2 的值:',dict2.values())
输出结果：
字典由关键词 key 和值 value 两个部分构成
查看字典 dict2 的关键词：dict_keys(['身高','冠军数','姓名'])
查看字典 dict2 的值：dict_values([198, 5, 'Kobe Bryant'])

(4)输入：
'''
删除字典中的关键词
'''
dict1.pop('姓名')
print('删除关键词"姓名":',dict1)
输出结果：
删除关键词"姓名"：{'能力值': 1000, '年龄': 0.5}

(5)输入：
dict1.clear()
print('清除字典中的所有元素:',dict1)
输出结果：
清除字典中的所有元素：{}

四、Python 基本运算符

算数运算符见表 2.6。

表 2.6　算数运算符

运算符	描述	示例
+	相加	1+1→2
−	相减	1−1→0
*	相乘	1*2→2
/	相除	1/2→0.5
%	取余数	3%2→1
**	幂运算	2**2→4

关系运算符见表 2.7。

表 2.7　关系运算符

运算符	描述	示例
==	相等	1==1→True
!=	不等于	1!=1→False
>	大于	1>2→False
<	小于	1<2→True
>=	大于等于	1>=1→True
<=	小于等于	1<=1→True

赋值运算符见表 2.8。

表 2.8　赋值运算符

运算符	示例	描述
=	a = 1	将 1 的值赋给 a
+=	b += a	b = b + a
−=	b −= a	b = b − a
*=	b *= a	b = b * a
/=	b /= a	b = b / a
%=	b %= a	b = b % a
**=	b **= a	b = b ** a

逻辑/成员运算符见表2.9。

表2.9 逻辑/成员运算符

运算符	描述	示例
and	且	True and False→ False
or	或者	True or False→ True
not	非	not True→ False
in	包含	1 in [1,2,3]→ True
not in	不包含	1 not in [1,2,3]→ False

五、条件和循环

(一)条件语句

条件语句基本框架如下:
if 判断语句1:
  执行语句块1
elif 判断语句2:
  执行语句块2
else:
  执行语句块3
输入:
a = 10
if a%2 == 0: #这里使用了取余函数%
  print(a,'是偶数')
else:
  print(a,'是奇数')
输出结果:
10 是偶数

(二)循环语句

1. for 循环
输入:
sum = 0 #实现0+1+2+…+9
for j in range(10):
  sum = sum + j
print(sum)
输出结果:

2. while 循环

输入：

```
j = 1
while j! = 6:
    j = j + 1
print('循环结果为:',j)
```

输出结果：

6

3. 循环控制语句——break

break 语句的含义是终止当前循环，且跳出整个循环。

输入：

```
for j in range(10):
    if j == 6:
        break
    print('当前j的值为:',j)
```

输出结果：

当前 j 的值为：0
当前 j 的值为：1
当前 j 的值为：2
当前 j 的值为：3
当前 j 的值为：4
当前 j 的值为：5

4. 循环控制语句——continue

continue 语句的含义是终止当次循环，跳出该次循环，直接执行下一次循环。

输入：

```
for j in range(10):
    if j == 6:
        continue
    print('当前j的值为:',j)
```

输出结果：

当前 j 的值为：0
当前 j 的值为：1
当前 j 的值为：2
当前 j 的值为：3
当前 j 的值为：4
当前 j 的值为：5

当前 j 的值为: 7
当前 j 的值为: 8
当前 j 的值为: 9

5. pass 语句

当执行到 pass 语句时,其含义就是不执行任何操作。

输入:

```
for j in range(10):
    if j == 6:
        pass
    else:
        print('当前j的值为:',j)
```

输出结果:

当前 j 的值为: 0
当前 j 的值为: 1
当前 j 的值为: 2
当前 j 的值为: 3
当前 j 的值为: 4
当前 j 的值为: 5
当前 j 的值为: 7
当前 j 的值为: 8
当前 j 的值为: 9

6. 循环、条件嵌套

例如我们要寻找 2~100 中的所有素数,本身需要一个循环。而判断某一个数是否为素数也需要一个循环,所以这里嵌套了两个循环。循环中还有一些条件语句。

输入:

```
#寻找2-100中的所有素数
num = []    #这里创建一个空列表是为了存储结果
for i in range(2,100):
    j = 2
    while j <= i/j:
        if i%j == 0:  #%指计算余数
            break
        j = j + 1
    if j > i/j:
        num.append(i)
print(num)
```

输出结果：

[2, 3, 5, 7, 11, 13, 17, 19, 23, 29, 31, 37, 41, 43, 47, 53, 59, 61, 67, 71, 73, 79, 83, 89, 97]

六、函数

函数基本框架如下(【】中的内容表示是或选的,可以不写)：

def 函数名(参数)：
 【'''函数说明文档'''】
 函数主体
 【return 返回对象】

(一)举一个基本函数的例子

输入：

```
#我们先定义一个函数
def find_max(series):

    '''查找一个序列中最大值'''

    the_max = series[0]
    for j in series:
        if j >= the_max:
            the_max = j

    return the_max
#调用函数
series = [1,20,23,1111,222,-10]
print('序列最大值:',find_max(series))
```

输出结果：

1111

(二)参数的使用方法

1. 可变参数的使用

pos_neg()这里没有传入参数 x,仍然可以运行,因为在未传入参数的情况下,默认 x 参数为1。

输入：

```
def pos_neg(x=1):
    if x > 0:
        print(x,'是正数')
```

else:
　　　　print(x,'不是正数')
pos_neg()　　#这里没有传入参数x,仍然可以运行,因为在未传入参数的情况下,默认x参数为1
pos_neg(-10)　　#当然自己也是可以传入参数
输出:
1 是正数
-10 不是正数

2.可变参数的使用
summation(*series)这里参数前面有一个 * 表示series这个参数是可变参数。可变参数的设置使得我们可以传入任意个参数,函数调用时会自动组装为一个元组。
(1)输入:
def summation(*series):
#注意这里参数前面有一个 * 表示series这个参数是可变参数
　　'''求一个序列元素的加和'''
　　sum = 0
　　for i in series:
　　　　sum += i
return sum
summation(1,2,3,4,5,6,7)
#可变参数的设置使得我们可以传入任意个参数,函数调用时会自动组装为一个tuple
输出:
28

如果不设置为可变参数的话,需要传入一个序列形式的参数。
(2)输入:
def summation(series):
　　'''求一个序列元素的加和'''
　　sum = 0
　　for i in series:
　　　　sum += i
return sum
summation(1,2,3,4,5,6,7)　　#这样输入就会报错
summation([1,2,3,4,5,6,7])
输出:
28

3. 关键词参数的使用

注意参数**other,这个参数允许我们传入任意个含参数名的参数,这些关键词参数在函数调用时会自动组装为一个dict(字典)。例如我们在做信息录入时,姓名、年龄、学校是必填信息,而其他信息是选填的,这时候就可以使用关键词参数。

输入:
def info_insert(name, age, university, **other):
　　print('姓名:', name, '年龄:', age, '学校:', university, '其他信息:', other)
info_insert('娜塔莎罗曼诺夫', 99, '圣地亚哥大学')
info_insert('娜塔莎罗曼诺夫', 99, '圣地亚哥大学', 性别='女', 工作='特工')

输出:
姓名:娜塔莎罗曼诺夫,年龄:99 学校:圣地亚哥大学 其他信息:{}
姓名:娜塔莎罗曼诺夫,年龄:99 学校:圣地亚哥大学 其他信息:{'性别':'女','工作':'特工'}

4. 混合参数的使用

在 Python 函数定义中,可以用必选参数、默认参数、可变参数和关键词参数。注意这些参数的定义顺序为:必选参数、默认参数、可变参数和关键词参数。

输入:
def info_insert(name, age, married='未婚', *schools, **kw):
　　print('姓名:', name, '年龄:', age, '婚姻状况:', married, '就读学校:', schools, '其他信息:', kw)
info_insert('娜塔莎罗曼诺夫', 99)
info_insert('娜塔莎罗曼诺夫', 99, '已婚', '浙江大学', '上海财经大学')
info_insert('娜塔莎罗曼诺夫', 99, '已婚', '浙江大学', '上海财经大学', 性别='女', 工作='特工')

输出:
姓名:娜塔莎罗曼诺夫 年龄:99 婚姻状况:未婚 就读学校:() 其他信息:{}
姓名:娜塔莎罗曼诺夫 年龄:99 婚姻状况:已婚 就读学校:('浙江大学','上海财经大学') 其他信息:{}
姓名:娜塔莎罗曼诺夫 年龄:99 婚姻状况:已婚 就读学校:('浙江大学','上海财经大学') 其他信息:{'性别':'女','工作':'特工'}

(三)递归函数

递归函数的含义是在函数定义过程中,会调用函数本身。

输入:
def factorial(n):
　　"""计算 n 的阶乘"""
　　if n == 1:
　　　　return 1
　　else:

return n * factorial(n-1)
factorial(5)
输出：
120

(四)匿名函数(lambda)

lambda 函数的基本格式为：

lambda 参数：表达式

匿名函数定义更为简便(控制在一行)，有些简单的函数可以用它来写，或者作为复杂函数的组成部分。

输入：

s = lambda x:print(x,'大于 1') if x>1 else print(x,'小于 1')

s(10)

s(-10)

输出：

10 大于 1

-10 小于 1

(五)try..except 函数

在程序编写过程中，难免会有一些错误。Python 中有一些语句可以处理这些异常或者错误，使得程序能够运行，且识别到错误的位置。

在下面的例子中，当 j=0,10/0 是会报错的，利用 try...except 语句之后还是可以将其他部分正常运行出来。

(1)输入：

x = 10

for j in [0,1,2,3]:
    y = x/j
    print(y)

输出：

Error

(2)输入：

x = 10

for j in [0,1,2,3]:
    try:
        y = x/j
        print(y)
    except：
        print('除数不能为 0')

输出：
除数不能为0
10.0
5.0
3.3333333333333335

七、面向对象

面向对象是 Python 的特点。面向对象主要通过类 class 的定义来实现。类 class 是用来描述具有相同属性和方法的对象的集合。类定义了该集合中的每个对象的共有属性和方法。

可以将类理解为一个模块，模块中包含很多个函数，每个函数用来实现某一个功能。对象是根据类创建的实例，通过实例化对象就可以执行类中的各个函数。

面向对象不好理解。这里用一个小例子来说明面向对象的基本用法，关于面向对象在后面的系列中还会详述其更高层次的用法。例如，我们想创建一个简单的游戏程序，涉及游戏人物的创建，几个游戏环节的设计，等等。

（1）输入：

```
class charater:
    '''创建游戏人物'''
    def __init__(self, name, gender, age, ability):
        self.name = name
        self.gender = gender
        self.age = age
        self.ability = ability

    def fight_grass(self):
        self.ability = self.ability - 200
        print('%s 参加了一次野外战斗,消耗战斗力 200' % self.name)

    def self_trainng(self):
        self.ability = self.ability + 100
        print('%s 参加了一次自我修炼,增长战斗力 100' % self.name)

    def mass_fight(self):
        self.ability = self.ability - 500
        print('%s 参加了一次多人 PK,消耗战斗力 500' % self.name)

    def show_info(self):
        print('%s,%s 岁,%s,%s 战斗力' % (self.name, self.age, self.gender, self.
```

ability))

　　#定义好上面的类之后我们就可以开始游戏了,我们先创建3个游戏人物rogers stark和natasha

　　rogers = charater('史蒂夫罗杰斯','男',18,1000)

　　stark = charater('托尼斯塔克','男',20,1800)

　　natasha = charater('娜塔莎罗曼诺夫','女',19,2500)

　　#先查看三个游戏人物的属性

　　rogers.show_info()

　　stark.show_info()

　　natasha.show_info()

　　输出:

　　史蒂夫罗杰斯,18岁,男,1000战斗力

　　托尼斯塔克,20岁,男,1800战斗力

　　娜塔莎罗曼诺夫,19岁,女,2500战斗力

　　(2)输入:

　　#创建人物之后,每个人物可以进行不同的游戏环节,例如他们三个人进行不同的游戏环节

　　rogers.mass_fight()

　　stark.self_trainng()

　　natasha.fight_grass()

　　输出:

　　史蒂夫罗杰斯参加了一次多人PK,消耗战斗力500

　　托尼斯塔克参加了一次自我修炼,增长战斗力100

　　娜塔莎罗曼诺夫参加了一次野外战斗,消耗战斗力200

　　(3)输入:

　　#在经过了上面的环节之后,我们再来查看三个游戏人物的属性是否产生了变化

　　rogers.show_info()

　　stark.show_info()

　　natasha.show_info()

　　#可以发现,三个游戏人物在经历游戏环节之后战斗力都发生了改变

　　输出:

　　史蒂夫罗杰斯,18岁,男,500战斗力

　　托尼斯塔克,20岁,男,1900战斗力

　　娜塔莎罗曼诺夫,19岁,女,2300战斗力

八、文件读写

在进行数据分析之前,可能需要读写自己的数据文件。或者在完成数据分析之后,想把结果输出到外部的文件。

在 Python 中,利用 pandas 模块中的几个函数,可以轻松实现这些功能,利用 pandas 读取文件之后数据的格式为数据框,且如果想用 pandas 将数据输出为外部文件,也要先确保要输出的文件的格式为数据框。

注意因为这里演示了文件的操作,需要将文件上传到网站的数据文件目录下才可以成功运行程序。

(一)读取 txt 文件

在进行数据分析之前,可能需要读写自己的数据文件。或者在完成数据分析之后,想把结果输出到外部的文件。

在 Python 中,利用 pandas 模块中的几个函数,可以轻松实现这些功能,利用 pandas 读取文件之后数据的格式为数据框,且如果想用 pandas 将数据输出为外部文件,也要先确保输出的文件的格式为数据框。注意因为这里演示了文件的操作,需要将文件上传到网站的数据文件目录下才可以成功运行程序。

输入:

import pandas as pd
#首先导入 pandas 库, as pd 是将这个库缩写,之后调用这个库,只需要写 pd 就可以了,而不用写全称 pandas
text = pd. read_table('data/test2. txt',index_col=0,delimiter=' ')
#文件所在的路径是必须输入的
index_col=0 指定第一列为 index
delimiter 指定了数据间的分隔符,分隔符可以使空格,制表符,等等
#这个函数中还有很多参数可以定义
text

输出:

	x1	x2	x3	y
day				
0	1	2	3	0
1	2	2	2	1
2	3	1	1	1
3	2	1	1	0

(二)读取 excel/csv 文件

(1)输入:

data_excel = pd.read_excel('data/test3.xlsx')
#文件所在的路径是必须输入的
data_excel.head()

输出:

	代码	名称	证券简称	上市日期	所属申万行业	近10日涨跌幅	近1月涨跌幅	近3月涨跌幅
0	002161.SZ	远望谷	远望谷	2007-08-21	其他电子Ⅲ	-1.411290	-13.143872	-20.681265
1	002162.SZ	悦心健康	悦心健康	2007-08-23	其他建材Ⅲ	-2.460457	-7.035176	-7.960199
2	002699.SZ	美盛文化	美盛文化	2012-09-11	其他服装	-1.148796	-3.317282	33.357934
3	600009.SH	上海机场	上海机场	1998-02-18	机场Ⅲ	-1.872321	8.641359	17.823843
4	600115.SH	东方航空	东方航空	1997-11-05	航空运输Ⅲ	1.183432	3.012048	1.333333

(2)输入:

data_csv = pd.read_csv('data/test3_csv.csv',encoding='GBK')
#文件所在的路径是必须输入的
#这里要注意,encoding='GBK'一般要加上,涉及编译解码的问题
data_csv.head()

输出:

	代码	名称	证券简称	上市日期	所属申万行业	近10日涨跌幅	近1月涨跌幅	近3月涨跌幅
0	002161.SZ	远望谷	远望谷	2007-08-21	其他电子Ⅲ	-1.4113	-13.1439	-20.6813
1	002162.SZ	悦心健康	悦心健康	2007-08-23	其他建材Ⅲ	-2.4605	-7.0352	-7.9602
2	002699.SZ	美盛文化	美盛文化	2012-09-11	其他服装	-1.1488	-3.3173	33.3579
3	600009.SH	上海机场	上海机场	1998-02-18	机场Ⅲ	-1.8723	8.6414	17.8238
4	600115.SH	东方航空	东方航空	1997-11-05	航空运输Ⅲ	1.1834	3.0120	1.3333

(三)输出 excel/csv 文件

由于使用了 pandas 库,我们在将想要的数据集输出为外部的 excel/csv 文件时,首先要确保文件的格式为数据框。

输入:

DataFrame 生成,这里生成了一个数据框,可以先不考虑这个细节,在之后的 pandas 库中详细说明了数据框的所有操作,这里只是为了说明文件的输出

data = {'state':['Ohio','Ohio','Ohio','Nevada','Nevada'],
    'year':[2000,2001,2002,2001,2002],

```
                'pop': [1.5, 1.7, 3.6, 2.4, 2.9]}
frame = pd.DataFrame(data)
frame.head()
```
输出:

	pop	state	year
0	1.5	Ohio	2000
1	1.7	Ohio	2001
2	3.6	Ohio	2002
3	2.4	Nevada	2001
4	2.9	Nevada	2002

输出 excel/csv 文件:
```
#将数据集 frame 输出为外部文件
frame.to_excel('data/写出为 excel.xlsx')
frame.to_csv('data/写出为 csv.csv')
```

九、Python 常用库

Python 语言有十多万个第三方开源库,几乎覆盖信息技术所有领域。使用第三方开源库可以在短时间内极大提高代码效率。下面简单介绍一下 Pandas、NumPy 和其他常用的第三方库。

(一) Pandas 库

Pandas 是基于 NumPy 的一种工具,其出现是为了解决数据分析任务。Pandas 吸纳了大量库和一些标准的数据模型,提供了高效操作大型数据集所需的工具。

Pandas 中的函数和方法能够使我们快速便捷地处理数据。它是使 Python 成为强大而高效的数据分析环境的重要因素之一。

安装以及导入方法:

http://pandas.pydata.org/pandas-docs/stable/api.html

输入:
```
#首先导入 pandas 库
import numpy as np
import pandas as pd
```

1. 序列 Series

序列 Series 是一个一维数组结构,可以存入任一种 Python 数据类型(integers, strings, floating point numbers, Python objects, 等等)。

序列 Series 由两部分构成,一个是 index,另一个是对应的值,注意两者的长度必须一样。序列 Series 和数组 array 很类似,大多数 NumPy 的函数都可以直接应用于序列 Series。

序列 Series 也像一个固定大小的字典 dict,可以通过 index 来赋值或者取值。以下为生成序列的几种方法。

(1)输入:

print('通过数组来生成序列 Series')

s_array = np.random.randn(5)

s = pd.Series(s_array, index = ['a','b','c','d','e'])

s

输出:

通过数组来生成序列 Series

a   -1.854089
b   0.633797
c   -0.980480
d   -0.742435
e   0.799103
dtype: float64

(2)输入:

print('通过字典来生成序列 Series')

s_dict = {'a':11,'b':1000,'c':123213,'d':-1000}

s = pd.Series(s_dict)

s

输出:

通过字典来生成序列 Series

a   11
b   1000
c   123213
d   -1000
dtype: int64

2. DataFrame

DataFrame 是一个二维数组结构,可以存入任一种 Python 数据类型(integers, strings, floating point numbers, Python objects,等等)。

DataFrame 由三部分构成,一个是行索引 index,一个是列名,另一个则是取值。

(1) DataFrame 的生成。

①输入:

print('由字典来产生数据框')

data = {'state': ['Ohio', 'Ohio', 'Ohio', 'Nevada', 'Nevada'],
        'year': [2000, 2001, 2002, 2001, 2002],

'pop': [1.5, 1.7, 3.6, 2.4, 2.9]}
frame = pd.DataFrame(data)
frame
输出：

由字典来产生数据框

	pop	state	year
0	1.5	Ohio	2000
1	1.7	Ohio	2001
2	3.6	Ohio	2002
3	2.4	Nevada	2001
4	2.9	Nevada	2002

②输入：

print('由列表来产生数据框')
data = [['Ohio', 'Ohio', 'Ohio', 'Nevada', 'Nevada'],
         [2000, 2001, 2002, 2001, 2002],
         [1.5, 1.7, 3.6, 2.4, 2.9]]
frame = pd.DataFrame(data, index=['state', 'year', 'pop']).T
frame
输出：

由列表来产生数据框

	state	year	pop
0	Ohio	2000	1.5
1	Ohio	2001	1.7
2	Ohio	2002	3.6
3	Nevada	2001	2.4
4	Nevada	2002	2.9

(2) DataFrame 的基本性质。

代码输入：

print('首先查看数据框的形状', df.shape)
print()
print('查看数据框的头部：')
print(df.head())
print('首先查看数据框的形状', df.shape)
print()
print('查看数据框的头部：')

```
print(df.head())
print()
print('查看数据框的尾部:')
print(df.tail())
print()
print('查看数据框的索引 index')
print(df.index)
print('查看数据框的转置')
print(df.T)
print('查看数据框的列名')
print(df.columns)
print()
print('查看数据框的值,其格式为数组 array')
print(df.values)
print()
print('查看数据框的基础描述性统计')
print(df.describe())
```

(3)DataFrame 的截取。

①行截取。

输入:

```
print('查看 df 索引为 1 的行——方法一')
print(df.ix[1])
print()
print('查看 df 前 3 行')
print(df[:3])
```

②列截取。

输入:

```
print('df 的一列选取')
print(df['OPEN'])
print()
print('df 的两列同时选取')
print(df[['OPEN','LOW']])
```

③行列同时截取。

输入:

```
print('截取 df 的前 4 行的 close 和 low 列')
df.ix[:4,['CLOSE','LOW']]
```

④按照条件截取。

输入：

print('截取 df CLOSE 大于等于 3500 的记录')#截取条件

print(df[df['CLOSE']>=3500])

print('')

print('截取 df CLOSE 大于 3300 且 LOW 小于 3400 的记录')

print(df[(df['CLOSE']>3300)&(df['LOW']<3400)])

print('')

(4) DataFrame 的缺失值处理。

例如下面这个数据框 data，其中就存在缺失值。

输入：

data = {'state':['Ohio','Ohio','Ohio','Nevada','Nevada'],
　　　　'year':[2000,2001,2002,2001,2002],
　　　　'pop':[1.5,1.7,3.6,2.4,2.9]}

data = pd.DataFrame(data)

data.loc[1,'pop'] = np.NaN

输出：

	pop	state	year
0	1.5	Ohio	2000
1	NaN	Ohio	2001
2	3.6	Ohio	2002
3	2.4	None	2001
4	2.9	Nevada	2002

①删除缺失值。

a. 输入：

#删除含有缺失的行

data.dropna()

输出：

	pop	state	year
0	1.5	Ohio	2000
2	3.6	Ohio	2002
4	2.9	Nevada	2002

b. 输入：

\#表示该行都为缺失的行才删除。注意是这一行中的每一个元素都为缺失才删除这一行

data.dropna(how="all")

输出：

	pop	state	year
0	1.5	Ohio	2000
1	NaN	Ohio	2001
2	3.6	Ohio	2002
3	2.4	None	2001
4	2.9	Nevada	2002

c. 输入：

\#表示该列若都为缺失的列，则删除，注意是这一列的每个元素都为缺失才会删除这一列

data.dropna(how="all", axis=1)

输出：

	pop	state	year
0	1.5	Ohio	2000
1	NaN	Ohio	2001
2	3.6	Ohio	2002
3	2.4	None	2001
4	2.9	Nevada	2002

d. 输入：

\#表示保留至少存在3个非NaN的行，即如果某一行的非缺失值个数小于3个，则会被删除

data.dropna(thresh=3, axis=0)

输出：

	pop	state	year
0	1.5	Ohio	2000
2	3.6	Ohio	2002
4	2.9	Nevada	2002

e. 输入：

\#表示保留至少存在3个非NaN的列，即如果某一列的非缺失值个数小于3个，则会

被删除

data.dropna(thresh=3, axis=1)

输出：

	pop	state	year
0	1.5	Ohio	2000
1	NaN	Ohio	2001
2	3.6	Ohio	2002
3	2.4	None	2001
4	2.9	Nevada	2002

②填充缺失值。

上面对缺失值的处理都是将缺失值剔除，下面介绍了填充缺失值的方法。

a. 输入：

data

print('用 0 填充数据框中的缺失值,0 是可选参数之一')

data.fillna(value=0)

输出：

	pop	state	year
0	1.5	Ohio	2000
1	0.0	Ohio	2001
2	3.6	Ohio	2002
3	2.4	0	2001
4	2.9	Nevada	2002

b. 输入：

#填充缺失值 用缺失值所在列的前一个非 NaN 值来进行填充

data.fillna(method='ffill')

输出：

	pop	state	year
0	1.5	Ohio	2000
1	1.5	Ohio	2001
2	3.6	Ohio	2002
3	2.4	Ohio	2001
4	2.9	Nevada	2002

c. 输入：
#用缺失值所在列的后一个非 NaN 来填充
data.fillna(method="bfill")
输出：

	pop	state	year
0	1.5	Ohio	2000
1	3.6	Ohio	2001
2	3.6	Ohio	2002
3	2.4	Nevada	2001
4	2.9	Nevada	2002

(5) DataFrame 的排序。

①输入：

print('df 按列 OPEN 降序排序')

df.sort(columns='OPEN',ascending=False)

②输入：

print('df 按列 LOW 升序排序')

df.sort(columns='LOW',ascending=True)

(6) DataFrame 的基本函数。

下面的函数都是通过数据框、函数名(参数设置)来进行调用,一般的参数是 axis=0/1,选择为 0 则是按行来实现函数,1 则是按列来实现函数。

函数汇总见表 2.10。

表 2.10 函数汇总

序号	函数	函数含义
1	count	计数非 na 值
2	describe	针对 Series 或个 DataFrame 列基本描述统计
3	min、max	计算最小值和最大值
4	argmin、argmax	获取到最大值和最小值的索引位置(整数)
5	idxmin、idxmax	计算能够获取到最大值和最小值的索引值
6	quantile	计算样本的分位数(0 到 1)
7	sum	求和
8	mean	求平均数
9	median	求中位数(50%分位数)
10	mad	计算平均绝对离差

续表2.10

序号	函数	函数含义
11	var	样本方差
12	std	样本标准差
13	skew	样本偏度(三阶矩)
14	kurt	样本峰度(四阶矩)
15	cumsum	样本累计和
16	cummin, cummax	样本累计最大值和累计最小值
17	cumprod	样本累计积
18	diff	计算一阶差分
19	pct_change	计算百分数变化
20	corr	计数相关性

(7) DataFrame 的拼接。

下面介绍了三个函数来实现 DataFrame 的拼接功能——concat 函数、merge 函数和 join 函数。

①DataFrame 拼接——pd.concat。

data_df 与 data_df1 可参照 2.1 完成对 DataFrame 的生成。

a. 输入：

print('按行拼接')

pd.concat([data_df,data_df1],axis=0)

b. 输入：

print('按列拼接')

pd.concat([data_df,data_df1],axis=1)

②DataFrame 拼接——pd.merge。

pd.merge 一般针对的是按列合并。

pd.merge(left, right, how='inner', on=None, left_on=None, right_on=None, left_index=False, right_index=False, sort=True,

suffixes=('_x', '_y'), copy=True, indicator=False)

其中：

left：一个 dataframe 对象。

right：另一个 dataframe 对象。

how：可以是'left'、'right'、'outer'、'inner'。默认为 inner。

on：列名,两个 dataframe 都有的列。如果不传参数,而且 left_index 和 right_index 也等于 False,则默认把两者交叉/共有的列作为链接键(join keys)。可以是一个列名,也可以是包含多个列名的 list。

left_on：左边 dataframe 的列会用做 keys。可以是列名，或者与 dataframe 长度相同的矩阵 array。

right_on：右边同上。

left_index：如果为 Ture，用左侧 dataframe 的 index 作为连接键。如果是多维索引，level 数要跟右边相同才行。

right_index：右边同上。

sort：对合并后的数据框排序，以连接键。

suffixes：一个 tuple，包字符串后缀，用来加在重叠的列名后面。默认是('x','y')。

copy：默认 Ture，复制数据。

indicator：布尔型(True/FALSE)，或是字符串。如果为 True，合并之后会增加一列称为'merge'。是分类数据，用 leftonly，right_only，both 来标记来自左边，右边和两边的数据。

③DataFrame 拼接——pd.join。

DataFrame.join(other, on=None, how='left', lsuffix='', rsuffix='', sort=False)

other：一个 DataFrame、Series(要有命名)，或者 DataFrame 组成的 list。

on：列名，包含列名的 list 或 tuple，或矩阵样子的列（如果是多列，必须有 MultiIndex）。跟上面的几种方法一样，用来指明依据哪一列进行合并。如果没有赋值，则依据两个数据框的 index 合并。

how：合并方式，{'left'，'right'，'outer'，'inner'}，默认'left'。

lsuffix：字符串。用于左侧数据框的重复列。把重复列重新命名，原来的列名+字符串。【如果有重复列，必须添加这个参数。】

rsuffix：同上。右侧。

sort：布尔型，默认 False。如果为 True，将链接键(on 的那列)按字母排序。

(8)DataFrame 重复值剔除。

有时候，希望能够剔除掉 DataFrame 中的重复记录。

输入：

print('查看 DataFrame 中是否存在重复记录，标记为 True 的为重复记录')

df3.duplicated()

print('剔除数据框中的重复记录')

df3.drop_duplicates()

(9)DataFrame 的分组以及透视表。

①分组——groupby 函数。

假设，如果当天收益率大于 0，我们标记为 up，反之为 down。把收盘价大于 11 的标记为 good，反之为 bad。此处调用 WindPy 库。

a.输入：

from WindPy import *

```
w.start()
```

#先取一个金融时间序列,以 DataFrame 的形式
error_code,df4 = w.wsd("000001.SZ","open,close,pct_chg","2018-04-20","2018-04-30","",usedf=True)
```
df4['standard'] = df4.PCT_CHG.apply(lambda x: 'up' if x > 0 else 'down')
df4['expression'] = df4.CLOSE.apply(lambda x: 'good' if x > 11 else 'bad')
df4
```
输出:

	OPEN	CLOSE	PCT_CHG	standard	expression
2018-04-20 00:00:00.005	11.51	11.35	-1.046207	down	good
2018-04-23 00:00:00.005	11.30	11.57	1.938326	up	good
2018-04-24 00:00:00.005	11.63	11.86	2.506482	up	good
2018-04-25 00:00:00.005	11.76	11.68	-1.517707	down	good
2018-04-26 00:00:00.005	11.66	11.42	-2.226027	down	good
2018-04-27 00:00:00.005	11.49	10.85	-4.991243	down	bad

b. 输入:
```
grouped = df4['CLOSE'].groupby(df4['standard'])
grouped
```
输出:
<pandas.core.groupby.SeriesGroupBy object at 0x7fb0e032e9b0>

因为 grouped 是一个 GroupBy 对象,实际上还没有进行任何操作,只是含有一些有关组件 df['standard']的中间数据而已。

c. 输入:
```
grouped.mean()
```
输出:
standard
down   11.325
up   11.715
Name:CLOSE, dtype:float64

d. 输入:
```
means = df4['CLOSE'].groupby([df4['standard'],df4['expression']]).mean()
means
```

输出：

```
standard    expression
down        bad             10.850000
            good            11.483333
up          good            11.715000
Name：CLOSE，dtype：float64
```

e. 输入：

means.unstack()

输出：

expression	bad	good
standard		
down	10.85	11.483333
up	NaN	11.715000

f. 输入：

df4.groupby('standard').mean()

输出：

		OPEN	CLOSE	PCT_CHG
standard	expression			
down	bad	11.490000	10.850000	-4.991243
down	good	11.643333	11.483333	-1.596647
up	good	11.465000	11.715000	2.222404

g. 输入：

df4.groupby(['standard','expression']).size()

输出：

```
standard    expression
down        bad             1
            good            3
up          good            2
dtype：int64
```

②对分组进行迭代。

GroupBy 对象支持迭代，可以产生一组二元元组。对于多重组件的情况，元素的第一个元素将会是有键值组成的元组。当然，我们可以对这些数据片段做任何操作。将这些数据片段做成一个字典。groupby 默认是在 axis=0 上进行分组的。通过设置也可以对其他任何轴上进行分组。比如我们可以根据 dtype 对列进行分组。

a. 输入：

for name,group in df4.groupby('standard'):
    print(name)
    print(group)

输出：

down

	OPEN	CLOSE	PCT_CHG	standard	expression
2018-04-20 00:00:00.005	11.51	11.35	-1.046207	down	good
2018-04-25 00:00:00.005	11.76	11.68	-1.517707	down	good
2018-04-26 00:00:00.005	11.66	11.42	-2.226027	down	good
2018-04-27 00:00:00.005	11.49	10.85	-4.991243	down	bad

up

	OPEN	CLOSE	PCT_CHG	standard	expression
2018-04-23 00:00:00.005	11.30	11.57	1.938326	up	good
2018-04-24 00:00:00.005	11.63	11.86	2.506482	up	good

b. 输入：

for (k1,k2), group in df4.groupby(['standard','expression']):
    print(k1,k2)
    print(group)

输出：

down bad

	OPEN	CLOSE	PCT_CHG	standard	expression
2018-04-27 00:00:00.005	11.49	10.85	-4.991243	down	bad

down good

	OPEN	CLOSE	PCT_CHG	standard	expression
2018-04-20 00:00:00.005	11.51	11.35	-1.046207	down	good
2018-04-25 00:00:00.005	11.76	11.68	-1.517707	down	good
2018-04-26 00:00:00.005	11.66	11.42	-2.226027	down	good

up good

	OPEN	CLOSE	PCT_CHG	standard	expression
2018-04-23 00:00:00.005	11.30	11.57	1.938326	up	good
2018-04-24 00:00:00.005	11.63	11.86	2.506482	up	good

c. 输入：

pieces = dict(list(df4.groupby('standard')))
pieces

输出：

{'down'：　　　　　　　　　　　　　OPEN　　CLOSE　　PCT_CHG　standard expression

2018-04-20 00:00:00.005　　11.51　11.35　-1.046207　　down　　　good
2018-04-25 00:00:00.005　　11.76　11.68　-1.517707　　down　　　good
2018-04-26 00:00:00.005　　11.66　11.42　-2.226027　　down　　　good
2018-04-27 00:00:00.005　　11.49　10.85　-4.991243　　down　　　bad,

'up'：　　　　　　　　　　　　　　OPEN　　CLOSE　　PCT_CHG　standard expression
2018-04-23 00:00:00.005　　11.30　11.57　1.938326　　up　　　good
2018-04-24 00:00:00.005　　11.63　11.86　2.506482　　up　　　good}

d. 输入：

grouped = df4.groupby(df4.dtypes,axis=1)
dict(list(grouped))

输出：

{dtype('float64')：　　　　　　　　　　　　OPEN　　CLOSE　　PCT_CHG
2018-04-20 00:00:00.005　　11.51　11.35　-1.046207
2018-04-23 00:00:00.005　　11.30　11.57　1.938326
2018-04-24 00:00:00.005　　11.63　11.86　2.506482
2018-04-25 00:00:00.005　　11.76　11.68　-1.517707
2018-04-26 00:00:00.005　　11.66　11.42　-2.226027
2018-04-27 00:00:00.005　　11.49　10.85　-4.991243,

dtype('O')：　　　　　　　　　　　standard expression
2018-04-20 00:00:00.005　　down　　　good
2018-04-23 00:00:00.005　　up　　　good
2018-04-24 00:00:00.005　　up　　　good
2018-04-25 00:00:00.005　　down　　　good
2018-04-26 00:00:00.005　　down　　　good
2018-04-27 00:00:00.005　　down　　　bad}

③选取一个或一组列。

a. 输入：

df4.groupby(['standard','expression'])[['CLOSE']].mean()
#在['CLOSE']前后再多加一组[]即可

输出：

standard	expression	CLOSE
down	bad	10.850000
down	good	11.483333
up	good	11.715000

b. 输入：

s_grouped = df4.groupby(['standard','expression'])['CLOSE']
s_grouped.mean()

输出：

standard　expression
down　　　bad　　　　10.850000
　　　　　good　　　 11.483333
up　　　　good　　　 11.715000
Name：CLOSE，dtype：float64

④通过字典或者 Series 进行分组。

除数组以外，分组信息还可以以其他形式存在。我们新构建一个 DataFrame。

a. 输入：

error_code,df_wss = w.wss("000001.SZ,000088.SZ,002626.SZ,600021.SH,600036.SH","open,high,low,volume,amt,pct_chg","tradeDate=2018-05-29;priceAdj=1;cycle=1",usedf=True)

df_wss

输出：

	OPEN	HIGH	LOW	VOLUME	AMT	PCT_CHG
000001.SZ	10.58	10.63	10.35	88949497.0	9.303870e+08	-1.983003
000088.SZ	7.65	7.79	7.61	9731389.0	7.493758e+07	-0.260756
002626.SZ	19.13	19.72	18.97	7058799.0	1.367769e+08	-0.679561
600021.SH	8.15	8.20	8.10	2065681.0	1.685831e+07	-0.368098
600036.SH	28.65	28.98	28.41	48053415.0	1.376605e+09	0.486111

b. 输入：

#添加几个空值 NAN
df_wss.ix[2:3, ['OPEN','HIGH']] = np.nan
df_wss

输出：

	OPEN	HIGH	LOW	VOLUME	AMT	PCT_CHG
000001.SZ	10.58	10.63	10.35	88949497.0	9.303870e+08	-1.983003
000088.SZ	7.65	7.79	7.61	9731389.0	7.493758e+07	-0.260756
002626.SZ	NaN	NaN	18.97	7058799.0	1.367769e+08	-0.679561
600021.SH	8.15	8.20	8.10	2065681.0	1.685831e+07	-0.368098
600036.SH	28.65	28.98	28.41	48053415.0	1.376605e+09	0.486111

c. 输入：

mapping = {'OPEN':'r','HIGH':'r','LOW':'b','VOLUME':'b','AMT':'b','PCT_CHG':'o'}

by_colum = df_wss.groupby(mapping,axis=1)

by_colum.sum()

输出：

	b	o	r
000001.SZ	1.019336e+09	-1.983003	21.21
000088.SZ	8.466897e+07	-0.260756	15.44
002626.SZ	1.438358e+08	-0.679561	NaN
600021.SH	1.892400e+07	-0.368098	16.35
600036.SH	1.424658e+09	0.486111	57.63

d. 输入：

map_series = pd.Series(mapping)

map_series

输出：

AMT   b
HIGH   r
LOW   b
OPEN   r
PCT_CHG   o
VOLUME   b
dtype: object

e. 输入：

df_wss.groupby(map_series,axis=1).count()

输出:

	b	o	r
000001.SZ	3	1	2
000088.SZ	3	1	2
002626.SZ	3	1	0
600021.SH	3	1	2
600036.SH	3	1	2

⑤根据索引级别分组。

层次化索引数据最方便的地方就在于它能够根据索引级别进行聚合。要实现该目的,通过 level 关键字传入级别编号或名称即可。

a. 输入:

df_wss

输出:

	OPEN	HIGH	LOW	VOLUME	AMT	PCT_CHG
000001.SZ	10.58	10.63	10.35	88949497.0	9.303870e+08	-1.983003
000088.SZ	7.65	7.79	7.61	9731389.0	7.493758e+07	-0.260756
002626.SZ	NaN	NaN	18.97	7058799.0	1.367769e+08	-0.679561
600021.SH	8.15	8.20	8.10	2065681.0	1.685831e+07	-0.368098
600036.SH	28.65	28.98	28.41	48053415.0	1.376605e+09	0.486111

b. 输入:

columns = pd.MultiIndex.from_arrays([['行情','行情','行情','量','量','幅度'],[' OPEN','HIGH','LOW','VOLUME','AMT','PCT_CHG']],names=['s1','s2'])

hier_df = pd.DataFrame(df_wss.values,columns=columns,index=df_wss.index)

hier_df

输出:

s1	行情			量		幅度
s2	OPEN	HIGH	LOW	VOLUME	AMT	PCT_CHG
000001.SZ	10.58	10.63	10.35	88949497.0	9.303870e+08	-1.983003
000088.SZ	7.65	7.79	7.61	9731389.0	7.493758e+07	-0.260756
002626.SZ	NaN	NaN	18.97	7058799.0	1.367769e+08	-0.679561
600021.SH	8.15	8.20	8.10	2065681.0	1.685831e+07	-0.368098
600036.SH	28.65	28.98	28.41	48053415.0	1.376605e+09	0.486111

c. 输入：
hier_df.groupby(level='s1',axis=1).count()
输出：

s1	幅度	行情	量
000001.SZ	1	3	2
000088.SZ	1	3	2
002626.SZ	1	1	2
600021.SH	1	3	2
600036.SH	1	3	2

本章小结

本章讲述 Python 的基础知识，Python 由于开发方便，工具库丰富，尤其科学计算方面的支持很强大，所以目前在量化领域的使用很广泛。市面上有很多支持 Python 语言的量化平台，对于编程能力比较弱的同学，也可以通过这些平台实现自己的交易策略，但这也需要大家具备最基础的编程技能。

思考题：如何在 Python 回测中避免未来函数的问题？

第三章 量化投资的种类

关于量化投资策略的种类,当前的研究成果中没有十分标准和完善的总结,通常的分类是按照交易产品、盈利模式、策略信号、交易速度四类划分的。不同博弈对手就构成了不同的阵营,所以,以底层逻辑分类似乎更加合理。在泾渭分明的阵营中,基本面量化、技术面量化、阿尔法量化、资产配置量化和演化量化的底层逻辑各不相同,彼此相互博弈,构成了整个市场生态。

第一节 基本面量化

基本面量化主要是分析其商品的内在价值,认为内在能够左右价格。

在基本面分析上,最根本的还要算是公司基本面分析,对一家公司基本面分析最重要的还是财务分析,这是一门必修课,如果单单是对数据的解读,那三大报表就可以充分说明问题,但实际上公司的内在价值需要结合多方面数据对财务报表进行深入分析。财务报表的处理方法要通过经验的积累和对会计知识的深入学习来慢慢知道怎么修正它,最有力的还是公司年报,很多财务报表反映不出来的问题会在年报中有充分说明,特别要注意不太引人注意的附注,有时重大问题只会在角落被蜻蜓点水地提一下,我们要找的就是这些信息。

这些投资者的底层逻辑是"价值博弈",并认为价值最终会在某个时点被市场认可,底层算法是在特定时间的股票(期货)都有自身的一个"估值锚"。当价值被高估时,估值锚偏重对标未来几年的现金流折现,换句话说,资金是持有股票合适,还是存入银行合适,用利率是可以计算出来的(3.3%的利率对应30倍市盈率)。当价值被低估时,估值锚偏重对标当年分红,换句话说,这个分红如果对应更低的市盈率,就相当于未来更多的现金流提前折现,在达到平衡点后就适合买入股票。

举一个例子:DFYH 2020年每股收益1.51元,30倍市盈率对应股价45.3元,则当年合理买入价位45.3×0.8=36.24元(80%认为是价值低估区域)。假设DFYH后面两年的业绩增长是20%(从之前三年的平均业绩增速得出),则对应2021和2022年每股收益为1.81元和2.17元,对应30倍市盈率股价分别为54.36元和65.23元,则当年卖出的价格区间为65.23元至75.5元(1.51×50)。

第二节 技术面量化

技术面量化主要是分析其商品的外在表现,认为外在能够体现价值。以判断市场趋势并跟随趋势的周期性变化来进行股票及一切金融衍生物交易决策的方法的总和。技术分析认为市场行为包容消化一切信息、价格以趋势方式波动、历史会重演。

自股票市场产生以来,人们就开始了对于股票投资理论的探索,形成了多种多样的理论成果。实际上,技术分析是100多年前创建的股票投资理论(Stock Investment Theory),是精明的投资者对股价变化进行长期观察并积累经验,逐步归纳总结出来的有关股市波动的若干所谓的"规律"。

经过长期发展和演变,技术分析形成了众多的门类,其中有代表性的是道氏理论和波浪理论。

这些投资者的底层逻辑是"非理性博弈",他们认为市场存在大量非理性状态,而利用投资者的非理性才能赚到钱,底层算法是市场永远存在某些值得博弈的"异象锚"。这些年异军突起的是行为金融学在投资中的应用,他们研究的是市场上的金融异象,换句话说,就是投资者的不理性可以带来超额收益。这些研究和之前的技术分析方法同根同源,比如,200年前日本蜡烛图的开创者本间宗久,就是通过研究某些特定价格组合异象,来和对手进行博弈的。但行为金融学因为有心理学的加入,明显站上了一个更高的台阶,以至于有些行为金融学的学者声称,这个世界未来只有一种金融学——行为金融学。

第三节 阿尔法量化

这些投资者的底层逻辑是"维度博弈",他们认为金融市场和人类思维并不在同一个维度上,所以应当通过升维或降维的思路评估市场,底层算法是市场永远存在遵循隐马尔可夫链的"预测锚"。股票多因子模型其本质上就是一个升维了的隐马尔可夫链。基本面量化和技术面量化都是坚定的人类思维使用者,就是说如果模型没有过硬的经济学或心理学逻辑,就没有使用的理由。但纯粹的阿尔法量化者却不这么想,他们认为只要这个模型符合宇宙运行的底层通用逻辑就行了,包括统计学可解释、物理学可解释甚至气象学可解释。西蒙斯的团队有大量的数学家、物理学家和计算机博士等,交易的决策和执行是模型和算法。他曾经表示:"我是模型先生,不想进行基本面分析,模型的优势之一是可以降低风险。而依靠个人判断选股,你可能一夜暴富,也可能在第二天又输得精光。"

这里举一个例子:在中国市场上私募游资特别偏好的一个因子,Alpha002:(-1 * correlation(rank(delta(log(volume), 2)), rank(((close - open) / open)), 6))。

这个模型可以翻译成,002号因子的预测能力与|成交量增量的时间|和|价格上涨速度|之间的|相关系数|成|反比|。这个模型如果用经济学理论是很难跟人们解释清楚的,但用物理学就很容易说得通,比如,你可以把价格上涨理解成惯性,而成交量增量理解成引力。通过测试,最近几年基金经理比较偏好阿尔法014、009、010、037、016、025、036、006因子,而游资比较偏好阿尔法014、044、055、016、003、050、006、012因子。

2015年底,WorldQuant(世坤)的祖拉博士公开了阿尔法101因子,自此,量化投资的神秘面纱被揭示在世人面前,中国也迅速在2016年进入了量化元年。下面以阿尔法001因子为例加以简要介绍。

一、阿尔法001因子公式

(rank(Ts_ArgMax(SignedPower(((returns<0)？ stddev(returns,20)：close),2),5))−0.5)

二、公式函数说明

(1) rank(x)

含义：股票的排名。输入值向量 x 为股票向量，若输入值含 nan，则 nan 不参与排名，输出为股票对应排名的 boolean 值(排名所占总位数的百分比)。

例如：

输入值：x=[3,7,5,9,12,2]；

计算过程：按向量 x 的元素大小排序，小的值排在前面，序号从 0 开始，则 x 元素对应排序排名为：r=[1,3,2,4,5,0]；

输出值：对应排名的 Boolean 值为 y=r/5 = [0.2,0.6,0.4,0.8,1.0]

(2) Ts_ArgMax(x,d)

含义：找出前 d 天的向量 x 值最大的值，并返回其索引。

例如：

$d=5$, $x=[5,8,9,3,2]$，对应索引号为 $L=[5,4,3,2,1]$，其中，索引号为 5 代表过去第 5 天，索引号为 1 代表过去第 1 天。因为 x 中最大的元素为 9，则索引号为 3，即过去第 3 天。

(3) SignedPower (x, t) = Sign(x).∗(Abs(x).^t)

含义：保持向量 x 的正负特性，将 x 进行 t 次幂处理使其差异放大。

其中，Sign(x)为符号函数，表示：如果 x>0，就返回 1，如果 x<0，则返回−1，如果 x=0，则返回 0。

Abs(x)为绝对值函数，进行非负数处理。

(4) stddev(x,n)

含义：求前 n 个 x 值的标准差。

三、公用变量说明

(1) returns：表示收益率，又称回报率，输入 n+1 行收盘价 close，输出 n 行收益率 returns。公式为

$$\text{returns}_i = \frac{\text{close}_i - \text{close}_{i-1}}{\text{close}_{i-1}} \times 100\%$$

(2) close：表示收盘价。

四、公式解析

根据 alpha#001 公式的运算顺序解析如下。

(1) $x1$ = (returns<0？ stddev(returns,20)：close)

结构:判断语句。当 returns.0 成立,则返回 stddev(returns,20);否则,返回 close。

逻辑:判断每日回报率 returns,如果小于 0,则返回前 20 天的回报率的标准差,否则返回收盘价。

解析:当日回报率是由当天收盘价与前一天收盘价得到的。returns 大于 0 时,收盘价相对昨天上升,此时,返回当前收盘价进行接下来的运算;反之,返回前 20 天的回报率的标准差进行接下来的运算。

(2) $x2 = SignedPower(x1,2)$

结构:$x2 = SignedPower(x1,2) = Sign(x1).*(Abs(x1).^2)$

逻辑:对 $x1$ 进行保留正负号的平方处理,其中 $x1$ 为 1 中返回值。

解析:将 $x1$ 经过此运算得到 $x2$,运算前后对比之后我们会发现 $x2$ 的值与对应的 $x1$ 的值符号不变,但对应的值都放大了,我们将此操作称为差异放大。根据 $x1$ 值进行分析:$x1$ 对应的值为收盘价和前 20 天的回报率的标准差两种。将其差异放大之后变成 $x2$,此时,收盘价的平方普遍大于前 20 天的回报率的标准差。这就是进行差异放大处理需要达到的效果。

(3) $x3 = Ts\_ArgMax(x2,5)$

结构:$x3 = Ts\_ArgMax(x2,5) = find(Max(x2,5))$

逻辑:即从过去 5 个值 $x2$ 找出最大值,返回其对应索引。其中,$x2$ 为 2 中返回值。

解析:$x2$ 值为收盘价或前 20 天的回报率的标准差进行差异放大后的值,对其进行取最大值的意义在于找出过去 5 天里最大的收盘价或者前 20 天的回报率的标准差。结合前面分析我们知道,returns>0 时,$x2$ 才为收盘价;反之,$x2$ 为前 20 天的回报率的标准差。

因此,过去 5 天里 $x2$ 值有可能包含以下三种情况:第一种:全部为收盘价;第二种:全部为前 20 天的回报率的标准差;第三种:一部分为收盘价,一部分为前 20 天的回报率的标准差。而 $x2$ 是进行差异化放大的值,放大后满足:收盘价的平方普遍大于前 20 天的回报率的标准差。因此,过去 5 天里只要存在一天满足 returns>0,一般最大值就为收盘价。

根据前面对 $Ts\_ArgMax(x2,5)$ 的说明,我们知道对过去 5 天里找出收盘价或前 20 天的回报率的标准差的最大值的意义在于:根据均值回归的规律,涨幅过大,就会向平均值移动下跌;跌幅过大,就会向平均值移动上升。本因子主要利用跌幅过大,就会反弹上升原理以及"波动性"原理,即总是认为其价格在一定范围内上下波动,即在最高点下跌一定程度,就会反弹回原来的最高点。根据这个原理,我们可以得到以下结论。

一方面,对某股票过去 5 天里取最大的收盘价的索引,作为其权重值。即收盘价最大值离当前越久,说明收盘最大值之后相对收盘最大值那天来说股价在下降,而当前离最大值那天越久,下降时间越长,从而股价反弹越明显。

另外一方面,对某股票过去 5 天里取最大的前 20 天的回报率的标准差的索引,作为其权重值。标准差越大,波动性越明显。如果过去 5 天里都是取标准差的话,说明 returns 都是小于 0;否则,有一天存在 returns>0,最大值都是取收盘价。那么,returns 在过去 5 天里一直都小于 0,根据对 returns 的定义,股价一直都在下降。那么其最大的标准差的索引,其意义在于,最大标准差那天离当天越久,最大标准差那天之后,标准差都小于那天的标准差,即波动性从那天之后在下降。而从 returns<0 可知,股价一直在下跌,从而我们认

为过去 5 天标准差最大值离现在越久,就会有更高的概率反弹上升。

(4) $x4 = \text{rank}(x3) - 0.5$

结构:先排序,再进行-0.5 中性化变换。

逻辑:$\text{rank}(x3)$ 表示对 $x3$ 排序,返回其对应排名的 boolean 值,再进行-0.5 中性化操作,使得最后的返回值 $x4$ 一半为正一半为负。$x3$ 为 3 中的返回值。

解析:我们知道 $x3$ 的值为各股票根据前 5 天最大收盘价或最大的前 20 天的回报率的标准差的索引作为对应股票的权重值。那么,我们对其进行排序以及-0.5 中性化操作,最后返回的 $x4$ 就是我们得到的 alpha#001 因子。取其正数的股票为买入股票池,即将所有股票的根据 alpha#001 因子将其平分,将 alpha#001 因子排序取其最大的 50% 进行交易。

五、因子分析

(1) Alpha001 因子 IC 均值的绝对值在不同调仓周期下均大于 0.03,而且调仓周期越长 IC 绝对值越大,说明该因子在更长的时间周期上具有更好的预测能力,如图 3.1 所示。

forward_period	AVG(ic)		
	10D	1D	5D
index			
IC Kurtosis	0.2544	1.4	0.8164
IC Std.	0.0762	0.0907	0.0788
p-value(IC)	0	0	0
IC Mean	-0.0401	-0.0335	-0.042
IC Skew	0.1952	0.1731	-0.103
Risk-Adjusted IC	-0.5265	-0.3693	-0.5333
t-stat(IC)	-11.24	-7.89	-11.39

图 3.1　Alpha001 因子 IC 分析

(2) 因子收益率 2020 年以来整体高于 2019 年,但下半年以来收益持续下行。

因子的分层收益区分度和单调性不够,分层结果中,只有第 9 层标的的收益率与其他层具有明显区分度和发散性,其余 8 层标的之间没有明显的优劣。

①换手率不稳定,各层之间没有明显差异。图 3.2 中显示各层标的换手率均在 0.2~1 之间宽幅震荡无法保持稳定,好的因子各层标的的换手率应该维持在一个相对恒定的水平,才有助于控制组合的交易成本。

②自相关性过低,一个好的因子自相关性应该尽量靠近 1,自相关性接近 1 说明每期标的的排序变化不大,那么在实盘过程中换手率就低,交易成本低,如图 3.3 所示。

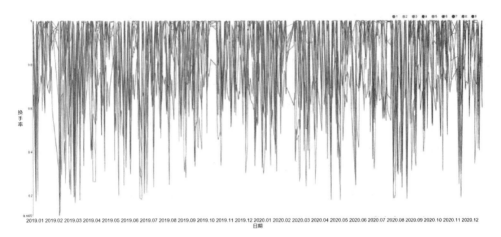

图 3.2　Alpha001 因子换手率分析(见彩图)

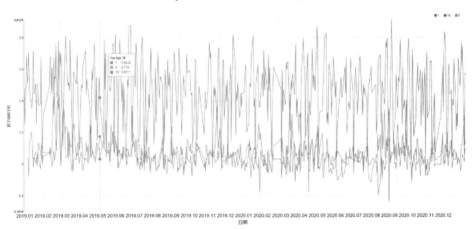

图 3.3　Alpha001 因子自相关性分析(见彩图)

综上所述,Alpha001 在更长的换仓周期上具有更好的预测能力,预测稳定性不错;因子收益率 2020 年以来整体高于 2019 年,但下半年以来收益持续下行。因子的分层收益区分度和单调性不够,各层标的收益率的集中度不够;换手率不稳定,各层之间没有明显差异。

第四节　资产配置量化

这些投资者的底层逻辑是"风险博弈",他们认为前三种方法根本无法预测市场,只能通过平衡收益和风险的方法来赚取市场溢价,底层算法是市场永远存在基于风险指数曲线重构仓位的"风险锚"。从马科维茨的资产组合理论到默顿的动态资产配置模型,半个多世纪以来,这些方法把投资从单兵作战时代,推向了流水线作业的工业战争时代。不论是基于夏普比率的均值方差模型,还是桥水的风险平价模型,都是通过定期调整仓位来计算有效前沿,从而完成对市场的博弈。

正如我们在第一章第二节提到的实例,一家私募在 2021 年初基于自身逻辑选出了一个股票组合(中远海控、长城汽车、隆基股份、中公教育、中国联通、恒瑞医药、福耀玻璃、广汽集团、中国石化、青岛啤酒、长安汽车、亿纬锂能、北方华创、立讯精密、万华化学、东方雨虹、中国建筑、歌尔股份),如果持有不动肯定不是一个最优的选择(收益11.1%,最大回撤-8.5%),我们用风险平价模型进行了逐月再平衡测试,最终收益变为10.07%,最大回撤为-3.37%,很明显用0.94%的利润损失换取风险减小-5.13%是一个十分合算的操作。

第五节 演化量化

演化量化主要是分析其相关性因素。比如把市场当成生物来研究,看看是否符合动物的作息规律,极端点的用星座或阴历来计算;或者把市场与舆情联系起来,看看是否符合人类情绪的波动。

演化分析是以演化证券学(EAS)为理论基础的完整方法论体系,它综合运用生命科学原理和生物进化思想,剖析股票市场资金博弈行为背后的本质与奥秘;以生物学范式详尽揭示股票价格形成机制及其演变规律,提出了一个洞悉股市波动逻辑的全新认知框架;认为长期而言,股票价格由企业的内在价值决定,股市运行规律属于经济学研究范畴,但中短期而言,股市波动尽管在表现形式上貌似经济学或物理学现象,在本质属性上却是一种生物学现象。

透过现象看本质,股市波动归根结底是生物本能和进化法则共同作用的产物,其运行趋势、形态和轨迹是一种多维度协同演化(Coevolution)的历史进程;股市波动的行为表现,既不是传统经济学认为的线性、钟摆式的"机械运动",也不是随机漫步理论认为的毫无规则的"布朗运动",而是一种特殊、非线性、复杂多变的"生命运动";股市波动的复杂性是由其生命运动的内在属性所决定的,其主要特征包括代谢性、趋利性、适应性、可塑性、应激性、变异性、节律性等,这就是为什么股市波动既有一定规律可循,又无法被定量描述和准确预测的最根本原因。

以上五种量化方法没有对错之分,只是底层逻辑不同罢了,另外,不同底层逻辑的投资者各自构成了不同的阵营,在各自逻辑的股票池中,他们分别占有压倒性优势,但在别人的股票池中,却又成了被收割的对象。所以,当下在学术界有一个普遍共识,金融市场没有全局最优解,只有局部最优解,就是这个道理。你可能会说,为什么都用量化一词来描述呢?因为任何一门学说,如果无法用数学来严谨描述,就不能上升为科学。所以,这里的讨论并不包含市场上那些无法量化的学派和想法,毕竟,人类蒙昧的时代已经一去不复返了。

投资在本质上,是一场信仰之战,什么样的信仰决定了什么样的投资,而什么样的投资决定了什么样的战场,在同样信仰的战场上与赢家站在一起至关重要。

第六节 市场上的其他分类方法

一、按照交易产品分类

按照交易产品分类,量化投资策略可以分为股票策略、CTA 策略、期权策略、FOF 策略等。其中 CTA 策略是交易股指期货、国债期货、大宗商品期货的量化策略,也是当前应用最广泛的策略之一。FOF 策略是指将资金分散投资于不同的基金,从而在基金分散投资的基础上进一步分散风险的策略。这种策略的优势在于可以将不同投资风格的基金经理的优势逻辑和优势策略综合起来,集众家之所长。

其中,股票策略根据是否对冲可以分为 Alpha 策略和 Beta 策略。

1. Alpha 策略

主要为了获得超额收益,即常说的跑赢指数,通常为多因子策略,数据一般来自基本面数据(财务)和量价数据。

对于因子的分类方法很多,整体而言,因子可以被分为基本面因子和技术面因子。基于对一只股票的不同特征的刻画,我们可以将因子更加细致地分为:盈利性、估值、现金流、成长性、资产配置、价格动量和技术面因子。

主要由基本面数据做出的多因子策略通常换仓慢,可能一周或者一个月换仓一次;主要由量价因子做出的多因子策略通常换仓频繁,可能每天换仓;也有用更高频率的数据做出来的高频 Alpha 策略,跟量价因子的主要区别在于量价因子一般用日数据选股,前一天晚上就给出第二天的持仓,第二天交易时间的时候完成该持仓任务,而高频 Alpha 策略根据实时收到的行情进行交易判断,实时给出当前具体时间点的交易任务。

比如,动量反转因子,买入全市场前 1 个月跌幅最多的股票。因为涨得多了当然要跌,跌得多了当然要涨。

2. Beta 策略

为了获得绝对收益的策略,也可以分为主观策略和量化策略,包括根据财务和行业研究等做的主观投资,用技术指标选股(通常所用数据为日数据);以及用更高频的日内数据所做的量化策略等。

比如,均线突破策略,在短期均线突破长期均线时买入。

所有的均线策略,都有一个最大的假设前提:趋势一旦形成,就会持续一段时间。

在这个假设成立的条件下,我们认为短期均线上穿长期均线(称为金叉),并且所有均线多头排列(方向向上)的时候,股价就会上涨一定的时间。反之,均线死叉股价会下跌一段时间。

因此,均线策略简单来说就是均线金叉时买进,死叉时候卖出。这是中长线策略。

二、按照盈利模式分类

按照盈利模式分类,量化投资策略可以分为单边多空策略、套利策略、对冲策略等等。单纯的多空策略是指投资者在结合经济周期、宏观趋势、政治事件以及历史数据的基础上,对当前金融工具走势有明显判断的情况下,对单个金融工具进行单边买入或单边卖出实现盈利的策略,索罗斯的量子基金就是这种策略的代表。而多个单纯多空策略的组合可以实现套利策略或对冲策略,从而实现规避风险、市场中性。套利策略是指在不同市场或不同交易期限上以有利的价格同时买入并卖出同种或本质相同的金融工具的策略。这种策略受益若为负,投资者还可以反过来进行交易,也即同时卖出并买入同种或本质相同的金融工具从而盈利。这种策略的主要逻辑是赚取差价,核心在于均值回归。外汇套利、固定收益套利等等可以划分在套利策略的类别中,甚至时间驱动策略也可以看作是套取同一股票在不同时间阶段的利润的套利策略。

对冲策略是指同时进行两种经济相关或统计相关的金融工具的交易。这两种金融工具往往价格行情相关、价格方向相反、交易数量相当、收益盈亏相抵。对冲策略的主要逻辑是对组合交易进行风险管理,对冲掉投资者不愿承担的风险,核心在于风险均衡。同时买入并卖出(或卖出并买入)股指期货和对应股票的股指期货对冲策略,将多个股票的单纯多空策略进行组合的股票市场中性策略也可以理解为对冲策略。

三、按照策略信号分类

按照策略信号分类,量化投资策略包括但不限于多因子策略、均值回归策略、动量效益策略、二八轮动策略、海龟策略、机器学习策略等等。下面对几个策略做简要介绍。

1. 多因子策略

多因子策略是最广泛应用的策略之一。CAPM 模型的提出为股票的收益提供了解释,但随着各种市场异象的出现,使得人们发现股票存在超额收益,这种收益不能为市场因子所解释,因此,出现了多因子模型。

多因子模型最早是由 Fama-French 提出,包括三因子和五因子模型。Fama 认为,股票的超额收益可以由市场因子、市值因子和账面价值比因子共同解释。随着市场的发展,出现许多三因子模型难以解释的现象。因此,Fama 又提出了五因子模型,加入了盈利水平、投资水平因子。

此后,陆续出现了六因子模型、八因子模型等,目前多少个因子是合适的尚无定论。市场上常用的多因子模型见表 3.1。

表 3.1 市场上常用的多因子模型

模型	出处	所含因子
Fama-French 三因子	Fama and Farench(1993)	市场、规模、价值
Carhart 四因子	Carhart(1997)	市场、规模、价值、动量
Novy-Marx 四因子	Novy-Marx(2013)	市场、规模、价值、盈利
Fama-French 五因子	Fama and Farench(2015)	市场、规模、价值、盈利、投资
Hou-Xue-Zhang 四因子	Hou et al	市场、规模、盈利、投资
Stambaugh-Yuan 四因子	Stambaugh and Yuan(2017)	市场、规模、管理、表现
Daniel-Hirshleifer-Sun 三因子	Daniel et al(2020)	市场、长周期行为、短周期行为

2. 二八轮动策略

在某一段时间内,某一行业或某几个行业组内股票价格共同上涨或下降的现象。

二八轮动策略是根据行业轮动现象做成的策略,利用行业趋势进行获利的方法,属于主动交易策略。其本质是通过一段时期的市场表现,力求抓住表现较好的行业以及投资品种,选择不同时期的强势行业进行获利。

行业轮动的原因包括行业周期、国家政策以及重大事件。

行业周期因素:行业的成长周期可以分为初创期、成长期、成熟期和衰退期,一般行业会按照这个周期运行。初创期属于行业刚刚起步阶段,风险高、收益小。成长期内风险高、收益高。处于成熟期的企业风险低、收益高。处于衰退期的企业风险低、收益低。在一段时间内,不同的行业会处于不同的行业周期,在时间维度上看会呈现行业轮动现象。

国家政策因素:国家政策对我国资本市场有重大影响。我国每年的财政政策和货币政策都是市场关注的热点,货币政策和财政政策会释放出影响市场的信息,如利率。当政策释放出下调利率的信号,就为资金需求量大、项目周期长的行业缓解了压力,如房地产行业,这时对于这类行业利好,相应的股价就会上涨。

重大事件因素:资本市场对于消息的反应是迅速的。根据有效市场理论,在半强式有效市场下,一切已公开的信息都会反映在股价当中。以疫情为例,消息一出迅速拉动医疗行业股价水平,带动行业增长。

3. 海龟策略

海龟交易思想起源于 20 世纪 80 年代的美国。理查德丹尼斯与好友比尔打赌,主题是一个成功的交易员是天生的还是后天的。理查德用十年时间证明了通过日常系统培训,交易员可以通过后天培训成为一名优秀的交易者。这套培训系统就是海龟交易系统。

海龟交易系统是一个完整的、机械的交易思想,可以系统地完成整个交易过程。它包括了买卖什么、头寸规模、何时买卖、何时退出等一系列交易策略,是一个趋势交易策略。它最显著的特点是捕捉中长期趋势,力求在短期内获得最大的收益。

海龟交易法将建仓资金按照一定比例划分为若干个小部分,每次建仓头寸和加仓规模都与波动量 N(又称平均真实波动振幅 average true range ATR)有关。ATR 是日内指数最大波动的平均振幅,由当日最高、最低价和上一交易日的收盘价决定。

海龟交易法使用的是以一个理查德唐奇安的通道突破系统为基础的入市系统。唐奇安通道分为系统一和系统二,对应短期突破和中长期突破。其中,短期突破系统是以 20 日(最高价或最低价)突破为基础,当价格突破 20 日价格即为入市信号;中长期系统是当盘中价格突破过去 55 日价格为入市信号。

海龟交易法的加仓规则是当捕捉到入市信号后建立第一个交易单位的头寸,市价继续向盈利方向突破 1/2N 时加仓。止损位为 2N,同加仓一样采用平均真实振幅 N 值为止损单位。每加仓一次,止损位就提高 1/2N。短期止盈条件为多头头寸在突破过去 10 日最低价处止盈离市,空头头寸在突破过去 10 日最高价处止盈离市。中长期止盈条件为多头头寸在突破过去 20 日最低价处止盈离市,空头头寸在突破过去 20 日最高价处止盈离市。

四、按照交易速度分类

按照交易速度分类,量化投资的策略可以分为高频策略和非高频策略。高频策略往往利用复杂的计算机技术和系统,分笔处理交易数据,并以毫秒级的速度执行交易,且在日内短时持仓。算法交易是高频策略的代表。而持仓时间长、换仓周期长的策略,例如一些长期持有股票、按周或者按季度调仓的股票多因子策略可以划分到非高频策略中。

除了以上策略以外,相信随着计算机技术和数学、物理学理论与金融学理论的交流融合,会有更多其他优秀的交易策略不断被创新研究出来,进一步帮助读者进行更加有效的投资决策。

本章小结

本章把当下的量化交易分成了五个类别,分别是基本面量化、技术面量化、阿尔法量化、资产配置量化和演化量化。传统的投资者更容易理解基本面量化和技术面量化,但当你对波动和资金容量有要求的时候,就不可避免地要研究阿尔法量化、资产配置量化和演化量化。当然,在实际的量化投资应用中,更多的是多类别的混合应用。

思考题1:贝塔策略属于哪类量化?有什么优点和缺点?
思考题2:阿尔法策略都可以用行为金融来解释吗?

第四章　量化投资策略构建的一般步骤

本章为量化投资模型的构建与实现。实现量化投资模型的系统开发过程和量化投资系统的搭建流程。设计投资模型的交易思路，应用改进后的市场有效因子设计开仓条件、和平仓条件、止盈条件以及止损条件等，完成交易决策模块风险控制模块的实现。大体上分成六步。

（1）构建量化策略思维导图。
（2）编写量化模型进行回测。
（3）进行策略归因分析和调整。
（4）编写实盘交易模型。
（5）模拟盘测试。
（6）小资金实盘测试。

完成这六步后，可以考虑放入基金池中运行，在实盘遇到问题时，按③①②④的步骤重新评估和调整。

下面举一个简单的实例来对以上六个步骤进行具体说明。

第一节　用思维导图表述策略

所有的投资思路都可以拆解成为数学模型，而思维导图就是呈现这个数学模型很方便的方法。常用的思维导图工具有 Xmind、Mindmaster、Mindmanager、百度脑图、印象笔记和石墨文档等等。使用思维导图的目标就是将投资思路化繁为简，通过可视化的方式呈现投资逻辑。

市场基本上可以分为趋势性市场、非趋势性市场和波动性市场。但是无论是哪个商品，都不会只显示一个市场特征。趋势性市场随着逐步回归理性，也会转为非趋势性市场，而且走势平淡的价格也会有急涨或急跌的情况。因此每个商品都会不可避免地走出多种市场形态。实际上，想做出所有市场形态上都能获利的单个交易策略是非常困难的。因此，要以选出最有可能盈利的市场走势为主要目标，开发符合市场走势的交易策略。

如图 4.1 所示,将投资逻辑拆分为因子池、买入条件、卖出条件、止盈条件以及止损条件。

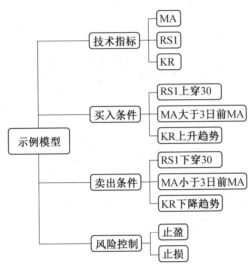

图 4.1 量化投资思维导图示例

因子池初步设计为移动平均线(MA)、相对强弱指数(RSI)和趋势变化指标(KR)。

移动平均线(MA)是用统计分析的方法,将一定时期内的证券价格(指数)加以平均,并把不同时间的平均值连接起来,形成一根 MA,用以观察股票价格变动趋势的一种技术指标。因此,如果在一定时间内,短周期的移动平均线上穿长周期的移动平均线时,认为股票价格具有上升趋势;反之,短周期的移动平均线下穿长周期的移动平均线时,认为股票价格具有下降趋势。

相对强弱指数(RSI)是根据一定时期内上涨点数和涨跌点数之和的比率制作出的一种技术曲线。能够反映出市场在一定时期内的景气程度。强弱指标理论认为,任何市价的大涨或大跌,均在 0～100 之间变动,根据常态分配,认为 RSI 值多在 30～70 之间变动,通常 80 甚至 90 时被认为市场已到达超买状态,至此市场价格自然会回落调整。当价格低跌至 30 以下即被认为是超卖状态,市价将出现反弹回升。

趋势变化指标(KR)为趋势变化判定的组合指标。判定上升趋势的条件为:当日收盘价格大于前一日的收盘价格且当日最低价小于从前一日数过去 13 个交易日的最低价。满足这两个条件则认为具有上升趋势。判定下降趋势的条件为:当日收盘价格小于前一日的收盘价格且当日最高价大于从前一日数过去 13 个交易日的最高价。满足这两个条件则认为具有下降趋势。

通过以上三种趋势判断指标,如果三种指标的判断上升趋势的条件同时成立,那么在本投资模型中则认为上升趋势确立,进行开仓操作。同理,如果三种指标的判断下跌趋势的条件同时成立,那么在本投资模型中则认为下跌趋势确立,进行平仓操作。同时,增加风险控制条件进行止盈与止损。

量化交易系统的核心是交易决策。交易决策模块负责根据交易策略思想对已经计算处理的数据进行分析判断,是否符合策略思想确定的开仓和平仓条件。这一部分功能对于交易策略系统最为重要,也最为复杂。交易策略的成功与否,一方面取决于交易策略思想是否适当另一方面则取决去交易策略程序是否准确反映了其交易策略思想。

股票市场中,开仓是指在市场上新建头寸的交易行为,在量化投资模型中,按照一定的条件决定新买入的时间和方法。平仓与开仓相反,是指通过对持有的多头头寸从市场上退出的交易行为。

在趋势型投资模型中,开仓规则为:

(1)改进后的移动平均线(MA)小于3日前的移动平均线。

(2)相对强弱指标(RSI)进入数值低于30的超卖区间。

(3)当趋势变化指标(KR)满足上升趋势。

当这三个开仓条件同时成立时,则确实上升趋势,发出开仓指令。

平仓规则为:

(1)改进后的移动平均线(MA)大于3日前的移动平均线。

(2)相对强弱指标(RSI)进入数值高于70的超卖区间。

(3)当趋势变化指标(KR)满足下跌趋势。

当这三个开仓条件同时成立时,则确实下跌趋势,发出平仓指令。

风险控制是量化交易成功的关键。风险控制模块负责根据风险控制策略对量化交易的持仓风险和账户资金进行管理和控制。因此,风险控制模块的基本任务为:对账户资金进行管理,确定其建仓的规模是否适当,以控制其账户面临的最大风险;必须对已经建立的仓位面临的风险进行实时评估,判断其是否达到策略允许的最大风险上限;对达到策略允许的最大风险上限的持仓采取必要的措施进行平仓,包括减仓和清仓,以防可能导致损失的进一步扩大。

在投资模型中,应用浮动止损法和限额止损的方法。浮动止损法就是规定一个初始止损点和止损移动间隔,当价格向有利方向变动达到一定幅度时(即止损移动间隔时),止损点自动向该方向移动1个止损移动间隔。这样,既可以在开仓后价格向相反方向变动时控制最大亏损,又可以在价格向开仓方向变动时,不断提高止损点,从而保证其已经获得的账面盈利在价格再次回落时转化为实际盈利。限额止损法就是规定一定的亏损限额,达到该限额即止损的方法。在这个方法中限额既可以是百分比,也可以是绝对亏损额。限额止损法可以避免在一些特殊情况下,技术指标未能及时发出止损信号,导致绝对亏损过大的问题。

第二节 编写用于回测的量化模型

量化投资模型通过 Python 实现上述的趋势型跟踪策略。当交易策略程序初步编制好后,需要进行程序的调试与验证,以检查程序是否能够正确运行并准确地反映交易策略思想。

首先通过验证功能和信息提示,确认用计算机语言编辑的交易策略是否有语法或逻辑上的错误,然后再应用编辑的交易策略,确认在其所预计的地方是否正确的产生信号。

为了进一步对程序进行调试,将程序加载到模拟交易图标测试。如图4.2所示,将该策略加载到 000002.SZ 万科 A 日线(2017 年 3 月 8 日至 2019 年 3 月 8 日)K 线图中进行模拟测试。

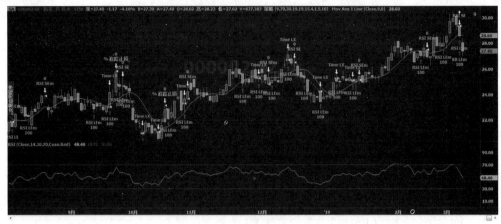

图 4.2　量化策略模拟交易测试

从图 4.2 中可见,量化投资模型在日线 K 线图中,当改进后的移动平均线(MA)小于 3 日前的移动平均线,相对强弱指标(RSI)进入数值低于 30 的超卖区间时,发出了开仓信号;当改进后的移动平均线(MA)大于 3 日前的移动平均线,相对强弱指标(RSI)进入数值高于 70 的超买区间时,发出了平仓信号;当触发止盈止损条件时,发出了平仓信号。量化策略资金曲线如图 4.3 所示。

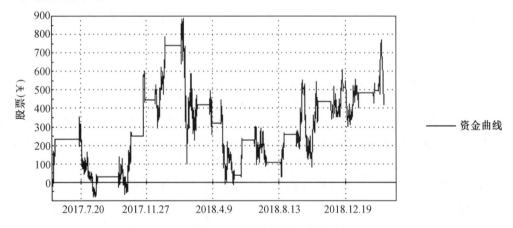

图 4.3　量化策略资金曲线

从图 4.3 中可见,量化投资模型在日线 K 线图中,较好地追踪到了 2017 年 11 月前后的上涨趋势,但是在 2018 年 4 月至 2019 年 1 月的震荡行情中则不仅没有获利,反而有亏损(图 4.4)。这显示了该量化投资模型是一种趋势跟踪型策略。图 4.5 为量化投资模型的性能总结。综上表明,策略程序编制基本正确地反映了策略思想,量化投资模型尚有改进的空间。

图 4.4　量化策略回撤盈亏图

显示：表视图

TradeStation 性能总结　折叠

所有交易

净利润	¥654.00	盈亏比	1.29
累计盈利	¥2,937.00	累计亏损	¥-2,283.00
展期贷款	不可用		
未平仓头寸损益	¥-195.00		
剔除异常交易后的净利润	¥654.00	剔除异常交易后的盈亏比	1.29
剔除异常交易后的累计盈利	¥2,937.00	剔除异常交易后的累计亏损	¥-2,283.00
调整的净利润	¥-381.13	调整的盈亏比	.86
调整的累计盈利	¥2,349.60	调整的累计亏损	¥-2,730.73
交易总笔数	58	盈利百分率	43.10%
盈利	25	亏损	26
保本交易笔数	7		

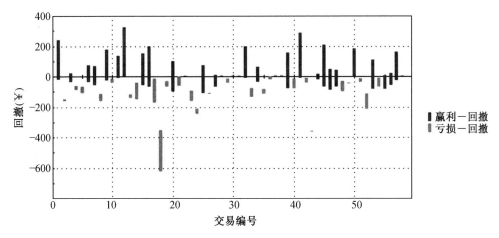

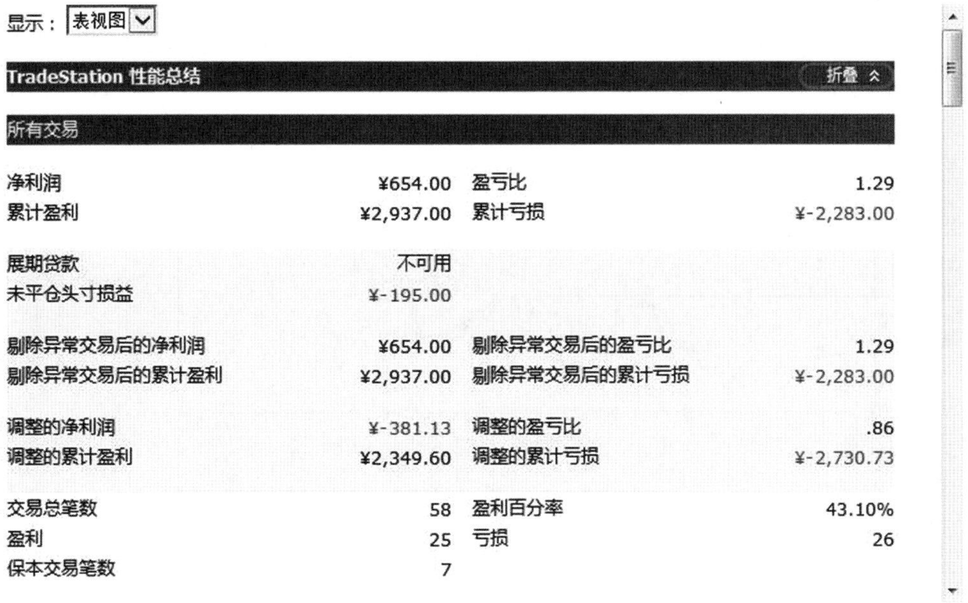

图 4.5　量化策略回撤性能总结

第三节　策略归因分析和调整

在整个交易策略评估过程中，策略程序编制基本正确地反映了策略思想并且很有可能在未来产生盈利，那么下一步就是修改和优化交易策略评估，从而达到改善交易策略的目的。

量化策略步进式优化如图4.6所示。

	策略:RSILength	策略:MoLength	策略:ExitBars	策略:floorPercent	测试	盈体:净利润	盈体:累计盈利	盈体:累计损失	盈体:盈亏交易	盈体:%月益	利交易次数	损交易次数	盈体:顺大盈利交易	盈体:顺大亏损交易	均获利交易盈利额	盈体:平均亏损交易	利亏损比
1	21	12	6	8	3,600	2,270.00	4,610.00	-2,340.00	48	58.33	28	17	421.00	-500.00	164.64	-137.65	1.20
2	20	12	6	8	3,599	2,270.00	4,610.00	-2,340.00	48	58.33	28	17	421.00	-500.00	164.64	-137.65	1.20
3	19	12	6	8	3,598	2,270.00	4,610.00	-2,340.00	48	58.33	28	17	421.00	-500.00	164.64	-137.65	1.20
4	18	12	6	8	3,597	2,270.00	4,610.00	-2,340.00	48	58.33	28	17	421.00	-500.00	164.64	-137.65	1.20
5	17	12	6	8	3,596	2,270.00	4,610.00	-2,340.00	48	58.33	28	17	421.00	-500.00	164.64	-137.65	1.20
6	16	12	6	8	3,595	2,270.00	4,610.00	-2,340.00	48	58.33	28	17	421.00	-500.00	164.64	-137.65	1.20
7	15	12	6	8	3,594	2,270.00	4,610.00	-2,340.00	48	58.33	28	17	421.00	-500.00	164.64	-137.65	1.20
8	14	12	6	8	3,593	2,270.00	4,610.00	-2,340.00	48	58.33	28	17	421.00	-500.00	164.64	-137.65	1.20
9	13	12	6	8	3,592	2,270.00	4,610.00	-2,340.00	48	58.33	28	17	421.00	-500.00	164.64	-137.65	1.20
10	12	12	6	8	3,591	2,270.00	4,610.00	-2,340.00	48	58.33	28	17	421.00	-500.00	164.64	-137.65	1.20
11	11	12	6	8	3,590	2,270.00	4,610.00	-2,340.00	48	58.33	28	17	421.00	-500.00	164.64	-137.65	1.20
12	10	12	6	8	3,589	2,270.00	4,610.00	-2,340.00	51	56.86	29	17	421.00	-500.00	158.97	-137.65	1.15
13	9	12	6	8	3,588	2,270.00	4,610.00	-2,340.00	51	56.86	29	17	421.00	-500.00	158.97	-137.65	1.15
14	8	12	6	8	3,587	2,270.00	4,441.00	-2,171.00	53	54.72	29	17	421.00	-395.00	153.14	-127.71	1.20
15	7	12	6	8	3,586	2,270.00	4,403.00	-2,133.00	54	51.85	28	17	421.00	-407.00	157.25	-125.47	—
16	21	12	6	6	1,650	2,241.00	4,684.00	-2,443.00	54	57.41	31	20	375.00	-500.00	151.10	-122.15	1.24
17	20	12	6	6	1,649	2,241.00	4,684.00	-2,443.00	54	57.41	31	20	375.00	-500.00	151.10	-122.15	1.24
18	19	12	6	6	1,648	2,241.00	4,684.00	-2,443.00	54	57.41	31	20	375.00	-500.00	151.10	-122.15	1.24
19	18	12	6	6	1,647	2,241.00	4,684.00	-2,443.00	54	57.41	31	20	375.00	-500.00	151.10	-122.15	1.24
20	17	12	6	6	1,646	2,241.00	4,684.00	-2,443.00	54	57.41	31	20	375.00	-500.00	151.10	-122.15	1.24

图4.6 量化策略步进式优化

针对基于技术指标建立的量化投资模型的优化,就是用交易策略的不同参数进行测试比较,以寻找能够得到的最大收益、最小风险的最优参数组合,从而达到改善交易策略业绩的目的。优化后量化策略资金曲线如图4.7所示。

图4.7 优化后量化策略资金曲线

可以改变投资模型的输入参数以达到优化模型的目的。在量化投资模型中可以改变输入参数,相对强弱指标的长度(RSILength)、移动平均指标的长度(MALength)、止盈百分比参数(floorPct),分别改变其区间,间隔设置为1进行参数优化,优化结果如图4.8所示。

通过策略优化报告可以得到优化后的参数设置分别为,相对强弱指标的长度(RSILength)取值21,移动平均指标的长度(MALength)取值12,止盈百分比参数(floorPct)取值8。在优化前投资模型净利润为654元,优化后投资模型净利润为2564元,净利润较优化前投资模型提高到原有的392.05%。在优化前投资模型盈亏比为1.29,优化后投资模型盈亏比为1.89,盈亏比较优化前投资模型提高到原有的146.51%。在优化前投资模型盈亏百分率为43.01%,优化后投资模型盈亏百分率为59.46%,盈亏百分率较优化前投资模型提高到原有的138.24%。具体见表4.1。

显示：表视图

TradeStation 性能总结   折叠 ^

所有交易

净利润	¥2,564.00	盈亏比	1.89
累计盈利	¥5,431.00	累计亏损	¥-2,867.00
展期贷款	不可用		
未平仓头寸损益	¥.00		
剔除异常交易后的净利润	¥3,094.00	剔除异常交易后的盈亏比	2.32
剔除异常交易后的累计盈利	¥5,431.00	剔除异常交易后的累计亏损	¥-2,337.00
调整的净利润	¥1,193.49	调整的盈亏比	1.35
调整的累计盈利	¥4,612.25	调整的累计亏损	¥-3,418.75
交易总笔数	74	盈利百分率	59.46%
盈利	44	亏损	27
保本交易笔数	3		

图4.8 优化后量化策略性能总结

表4.1 量化投资模型优化报告

	RSILength	MALength	floorPct	净利润	盈亏比	盈亏百分率
优化前	14	10	10	654	1.29	43.01%
优化后	21	12	8	2564	1.89	59.46%
△	↑7	↑2	↑2	↑392.05%	↑146.51%	↑138.24%

第四节 编写用于实盘交易的量化模型

策略的实盘和模拟盘的差别主要有三点。

(1)心理因素。交易心理是实盘交易与模拟交易过程中最常见的问题,也是最难解决的问题。策略的模拟交易的资金仅仅是用于测试策略的数据,而实盘交易就涉及真金白银的盈利和亏损。无论实盘交易的盈利还是亏损都会引起主观的情绪波动,较大的情绪波动会影响对客观事物的理性分析。因此控制交易心理是从模拟盘转向实盘的重要环节。

(2)资金因素。模拟盘的资金是测试数据,而实盘的资金是真真正正的钱。因此在做实盘测试前,要控制实盘资金的规模,控制在小规模下做长时间的充分测试。

(3)交易因素。实盘交易和模拟盘在成交量和交易撮合机制等交易因素上也存在较大差别。

综合以上,在完成模拟盘测试转向实盘交易时既要时刻控制风险,也要控制好交易心理,同时也不要因噎废食,要找到可控的平衡点。基于以上三点学习者可根据第十二章的方法编写实盘交易模型。

第五节 模拟盘测试

量化策略在历史数据中表现不错时,不要急于将资金投入到实盘交易中,建议通过"模拟交易"功能在模拟盘中观察策略的运行情况,主要包括策略在模拟盘中的累计收益、当日盈亏、剩余现金、总权益、交易信息、最新持仓和成交记录。

经过一段时间的观察,依据模拟盘的表现,可进一步优化现有的量化策略模型。例如,通过财务指标和财务数据筛选成长性较高的优质个股组成股票池;改变买入条件和卖出条件,或者改变止盈止损条件等。总之,优秀的量化策略追求在风险可控的范围内更高的超额收益。

第六节 小资金实盘测试

当模拟盘测试效果符合预期时,可以通过小资金实盘进行测试。初学者要注意投资的风险和交易心理的把控,需要用较长时间反复训练打磨实盘交易模型和实盘心理。

本章小结

本章主要介绍了构建量化策略的常用步骤:构建量化策略思维导图;编写量化模型进行回测;进行策略归因分析和调整;编写实盘交易模型;模拟盘测试;小资金实盘测试。一个完善可应用于实践的策略,上述步骤需要不断地重复。目前,国际上已经出现了第一只完全由机器学习来构建策略的基金,自动化程度已经向前迈进了一大步。

思考题:在构建量化交易策略中,策略归因分析是不是真的可有可无,或者说可以完全相信机器黑箱?

第五章 股票量化投资策略的构建方法

每一位研究量化投资的宽客(Quanter)都相信,影响股票涨跌的因素不胜枚举,而这些"因素"就是因子。本章通过深入浅出的方式,提供代码作为框架,将理论与实际操作相结合,做测试并查看收益率,亦可利用 Python 平台自行构建代码。

第一节 多因子股票策略的构建

一、什么是因子

通俗来讲,选股择时,我们得有一个标准或者指标,这些标准或者指标就称为因子。假设,认为营收增长率高的公司就是好公司,则可以将营收增长率大于30%的股票筛选出来纳入股票池。那么"营收增长率大于30%"就是一个因子。

有选股的因子用来衡量股票好不好,择时的因子用来评估好股票什么时候买。由于择时往往跟技术指标关系紧密,下面主要举例财务相关的因子。

二、选择因子

因子的选择主要依赖于经济逻辑和市场经验,但选择更多和更有效的因子无疑是增强模型信息捕获能力,提高收益的关键因素之一。最简单的方法,可以先列举出一些常见财务指标组成因子库。比如营收增长率、流通市值、净资产收益率(ROE)等等。然后选择单一指标或多个指标加以组合,一般检验方法主要采用排序的方法检验候选因子的选股有效性。

举个例子,首先选两个因子,资产回报率(ROA)和净利润/营业总收入(%)。ROA和利润率比较高的一般都是表现良好的公司,所以我们决定选取 ROA 和净利润/营业总收入前 20 名的股票买入,回测结果如图 5.1 所示。

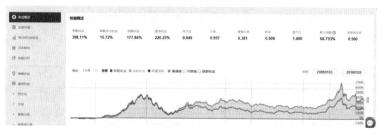

图5.1 因子组合1收益曲线图

表现比大盘略好一点,11年的收益率有398%。将净利润/营业总收入换成净利润环比增长率(%)再进行测试,回测结果如图5.2所示。

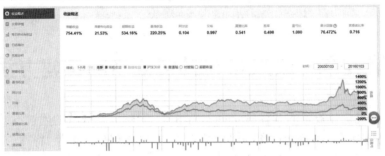

图5.2 因子组合2收益曲线图

从图5.2中可知因子组合2比因子组合1的收益率表现要好,过去11年的收益率有754%。如果将这三个因子(ROA、利润率比和净利润环比增长率)都加进去,结果如图5.3所示。

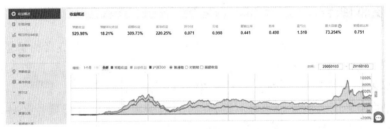

图5.3 因子组合3收益曲线图

三个因子组成的因子组合3的收益率为530%,收益率高于因子组合1,收益率低于因子组合2。因此保留因子组合2(ROA和净利润环比增长率)的组合。如果把市值这个因子也加进去,结果如图5.4所示。

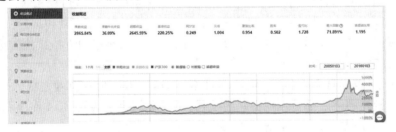

图5.4 因子组合4收益曲线图

通过回测可以得到因子组合4的收益率在11年高达2800%。明显高于其他三个因子组合。

具体而言,虽然这种试错法选因子是一种比较基础的选因子方式,但是对初学量化投资策略的读者来说,经过反复试错,不但可以找到相对有效的因子,而且可以反复熟悉策略代码,也可以进一步理解每个因子的含义。接下来看看代码是如何实现的。

三、编写代码的准备

本章在构建量化策略模型前,首先要调试好量化投资的工具。在安装好 Python 后,我们选择调用 JQData 库。安装方法如下。

1. 自动安装

进入 Python 所在目录,执行下面代码安装。

```
pip install git+https://github.com/JoinQuant/jqdatasdk.git
或者下面的,速度能快点:
pip install git+https://github.com/JoinQuant/jqdatasdk.git -i https://mirrors.aliyun.com/pypi/simple/
```

2. 手动安装

下载压缩包:https://github.com/JoinQuant/jqdatasdk。解压压缩包,然后切换到 jqdatasdk 目录中,执行下面的程序。

```
python setup.py install
```

手动安装过程中报错,可以再次手动安装,例如 sqlalchemy:pip install sqlalchemy==1.2.8 –i https://mirrors.aliyun.com/pypi/simple/。

首先,部分财务数据存在数据缺失或数据异常的问题,缺失数据和异常数据对策略构建的影响比较大,因此引入清洗数据的步骤。对于缺失数据和异常数据的常见简便的办法就是用均值来填充,现有 Python 的 Pandas 库里面有现成的函数,大家可以尝试使用里面的均值填充法。同时,我们也编写了一个均值填充缺失值或异常值的方法,大家感兴趣可以尝试。

不过随着研究的深入,可能会发现用均值填充并不是一个完美的方法。这里再提供一个思路,大家感兴趣可以自己实现:如果某只股票这一期的某个财务数据空缺,但是上一期没有,我们可以根据该股票这个数据与上一期的平均值比例来确定。公式为

$$空缺数值 = 本期该字段平均值 \times 上期该字段数值 / 上期该字段平均值$$

其次,我们对因子的单位要做一个统一。因为有的因子绝对值好几十亿(比如市值),有的可能只有十几(收益率)甚至是负的,因此因子和因子之间很难直接赋予权重进行计算。因此,我们可以考虑使用排名的方法,对这些因子进行排名。

Python 自带一个 sort 函数,不过为了练手,我们编写了一个,用的是最简单的冒泡排序算法,高手也可以试一下堆排序或者归并排序以加快回测的速度。最后,我们将上述功能汇总成一个函数,集中取数据-清洗数据。

有了以上的几个子函数,写主函数就很方便了。

四、策略思维导图

上面主要介绍了如何通过财务数据来构建一个多因子的策略。由于是入门级,我们构建多因子的方法比较简单,选取的因子依据是主观分析。如果想定量的分析,主流的方法是做回归分析,或者对各个因子进行打分。如果还有其他的方法,当然也欢迎尝试。

多因子模型股票策略思维导图如图 5.5 所示。

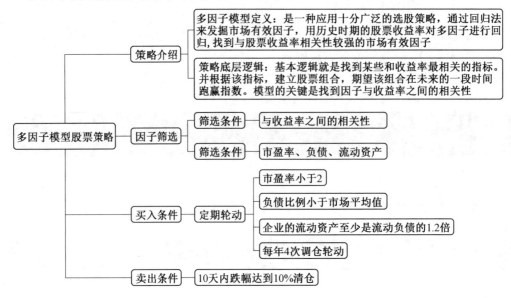

图 5.5　多因子模型股票策略思维导图

五、代码实现

'''
1. 市净率小于 2；
2. 负债比例小于市场平均值；
3. 企业的流动资产至少是流动负债的 1.2 倍；
4. 每年四次调仓，即在 1/4/7/10 月调仓；
5. 可加入止损（十天 HS300 跌幅达 10% 清仓）；
'''

```
##  初始化函数，设定要操作的股票、基准等等
def initialize(context):
    #设定指数
    g.stockindex = '000300.XSHG'
    #设定沪深 300 作为基准
    set_benchmark('000300.XSHG')
    # True 为开启动态复权模式，使用真实价格交易
    set_option('use_real_price', True)
    # 设定成交量比例
    set_option('order_volume_ratio', 1)
    # 股票类交易手续费是:买入时佣金万分之三,卖出时佣金万分之三加千分之一印花税, 每笔交易佣金最低扣 5 块钱
```

```
set_order_cost(OrderCost(open_tax=0, close_tax=0.001, \
                open_commission=0.0003, close_commission=0.0003, \
                close_today_commission=0, min_commission=5), type='stock')
# 最大持仓数量
g.stocknum = 10

## 自动设定调仓月份(如需使用自动,注销下段)
f = 4    # 调仓频率
log.info(list(range(1,13,12//f)))
g.Transfer_date = list(range(1,13,12//f))

## 手动设定调仓月份(如需使用手动,注释掉上段)
# g.Transfer_date = (3,9)

# 根据大盘止损,如不想加入大盘止损,注释下句即可
# run_daily(dapan_stoploss, time='open')

## 按月调用程序
run_monthly(trade, monthday=20, time='open')

## 交易函数
def trade(context):
    # 获取当前月份
    months = context.current_dt.month
    # 如果当前月为交易月
    if months in g.Transfer_date:
        ## 获得 Buylist
        Buylist = check_stocks(context)

        ## 卖出
        if len(context.portfolio.positions) > 0:
            for stock in context.portfolio.positions.keys():
                if stock not in Buylist:
                    order_target(stock, 0)

        ## 分配资金
        if len(context.portfolio.positions) < g.stocknum:
            Num = g.stocknum - len(context.portfolio.positions)
```

```python
            Cash = context.portfolio.cash/Num
        else:
            Cash = 0

    ## 买入
    if len(Buylist) > 0:
        for stock in Buylist:
            if stock not in context.portfolio.positions.keys():
                order_value(stock,Cash)
    else:
        return


## 选股函数
def check_stocks(context):
    # 获取沪深成分股
    security = get_index_stocks(g.stockindex)

    Stocks = get_fundamentals(query(
            valuation.code,
            valuation.pb_ratio,
            balance.total_assets,
            balance.total_liability,
            balance.total_current_assets,
            balance.total_current_liability
        ).filter(
            valuation.code.in_(security),
            valuation.pb_ratio < 2, #市净率低于2
            balance.total_current_assets/balance.total_current_liability > 1.2 #流动资产至少是流动负债的1.2倍
        ))

    # 计算股票的负债比例
    Stocks['Debt_Asset'] = Stocks['total_liability']/Stocks['total_assets']
    # 获取负债比率的市场均值
    me = Stocks['Debt_Asset'].median()
    # 获取满足上述条件的股票列表
    Codes = Stocks[Stocks['Debt_Asset'] > me].code
```

```
        return list(Codes)
## 根据大盘止损,具体用法详见 dp_stoploss 函数说明
def dapan_stoploss(context):
    stoploss = dp_stoploss(kernel=2, n=3, zs=0.1)
    if stoploss:
        if len(context.portfolio.positions)>0:
            for stock in list(context.portfolio.positions.keys()):
                order_target(stock, 0)

## 大盘止损函数
def dp_stoploss(kernel=2, n=10, zs=0.03):
    '''
方法1:当大盘 N 日均线(默认60日)与昨日收盘价构成"死叉",则发出 True 信号
方法2:当大盘 N 日内跌幅超过 zs,则发出 True 信号
    '''
    # 止损方法1:根据大盘指数 N 日均线进行止损
    if kernel == 1:
        t = n+2
        hist = attribute_history('000300.XSHG', t, '1d', 'close', df=False)
        temp1 = sum(hist['close'][1:-1])/float(n)
        temp2 = sum(hist['close'][0:-2])/float(n)
        close1 = hist['close'][-1]
        close2 = hist['close'][-2]
        if (close2 > temp2) and (close1 < temp1):
            return True
        else:
            return False
    # 止损方法2:根据大盘指数跌幅进行止损
    elif kernel == 2:
        hist1 = attribute_history('000300.XSHG', n, '1d', 'close', df=False)
        if ((1-float(hist1['close'][-1]/hist1['close'][0])) >= zs):
            return True
        else:
            return False
```

六、回测结果

多因子模型股票策略回测结果如图 5.6 所示。

图 5.6　多因子模型股票策略回测结果

第二节　Fama-French 三因子模型

一、三因子模型的概述

CAPM 模型认为收益风险同源。市场风险是唯一能给股票带来超额收益的风险。但是事实上除了市场风险外,Fama-French 认为市场上还存在市值风险,账面市值比风险等,据此建立的模型被称为"Fama-French 三因子模型"。我们简要介绍三因子模型的思想并提供一个选股模型。

看到 CAPM 模型,大家有没有想过,为什么有的股票有正的超额收益,有的股票的超额收益却是负的? 是不是市场风险不能够完全解释个股的超额收益? 是的。

Fama 和 French 这两个人研究股票超额收益率的时候发现了一个神奇的现象:有两类股票的历史平均收益率一般会高于 CAPM 模型所预测的收益率。它们是小公司股票以及具有较高股权账面-市值比的股票。

Fama 和 French 认为:市值比较小的公司通常规模比较小,公司相对而言没那么稳定,因此风险较大,需要获得更高的收益来补偿;账面市值比就是账面的所有者权益除以市值(下以简称 B/M)。B/M 较高则说明市场上对公司的估值比公司自己的估值更低。这些公司一般都是销售状况或者盈利能力不是十分好的公司,因此相对于低 B/M 的公司来说需要更高的收益来补偿。

这个三因子模型的本质就是把 CAPM 中的 α(未被解释的超额收益)分解掉,将其分解成市值因素、B/M 因素和其他未被解释的因素(可以看成是新的 α),可以用如下公式表达:

$$R_i = a_i + b_i R_M + s_i E(\text{SMB}) + h_i E(\text{HML}) + \varepsilon_i$$

其中,$R_i = E(r_i - r_f)$,指股票 i 比起无风险投资的期望超额收益率,$R_M = E(r_M - r_f)$,为市场相对无风险投资的期望超额收益率,$E(\text{SMB})$ 是小市值公司相对大市值公司股票的期望超额收益率,$E(\text{HML})$ 则是高 B/M 公司股票比起低 B/M 的公司股票的期望超额收益率,而 εi 是回归残差项。

二、Fama-French 三因子模型的理解

上面这个三因子模型和 CAPM 模型在表达式上面的区别就是多了几个回归的自变量。因此,不少的初学者可能会觉得这个模型只是为传统多因子模型提供了两个因子(市值、B/M)而已,然后用传统的因子打分、回归等方法进行选股。

然而并不是这样。

上面这种理解也可以用来建模,但它并不是本来 Fama 和 French 想表达的本意,那么他们究竟想说什么呢?我们再仔细看一下三因子模型的表达式

$$R_i = a_i + b_i R_M + s_i E(\text{SMB}) + h_i E(\text{HML}) + \varepsilon_i$$

对于 $E(\text{SMB})$ 的理解,Fama 把市场里面的所有股票按市值排序,然后等分成三份:第一份是大市值股票(市值在所有股票中最大的 1/3),第二份是中市值股票,第三份是小市值股票(市值在所有股票中最小的 1/3)。记大市值股票的平均期望收益率为 $E(r_S)$,小市值股票的期望收益率为 $E(r_B)$。那么,$E(\text{SMB}) = E(r_S) - E(r_B)$。$E(\text{HML})$ 的定义也类似。

因此,三因子模型的贡献,在于发现了股票的期望收益不仅仅与市场的系统风险有关,还和市值风险和账面市值比风险有关。市值和 B/M 这一类因子是对市场整体进行一个衡量的,而不是对个股的衡量。

对于市场的衡量,我们也可以用多元线性回归的方法来估计。三因子模型的表达式中 a_i, b_i, s_i, h_i 都是回归系数,b_i 描述的是股票本身的市场方面风险的大小,s_i 描述的是股票本身的市值方面风险的大小,h_i 描述的是股票本身的账面市值比方面风险的大小。

三、Fama-French 三因子模型套利法选股

再举一个具体应用的例子:

回顾三因子模型的表达式:

$$R_i = a_i + b_i R_M + s_i E(\text{SMB}) + h_i E(\text{HML}) + \varepsilon_i$$

如果默认三因子模型是正确的,而且市场风险、市值风险、账面市值比这三类风险能很好地解释个股的超额收益,a_i 的长期均值应该是 0。那么,如果对于某个时期的股票,回归得到 $a_i < 0$,说明这段时间里面收益率偏低(因此股价也偏低),而根据有效市场假设,今天的偏离在未来要涨回来的。

所以,我们的选股思路非常清晰:

(1)先设定一个调仓频率,每 $T = 10$ 天调仓一次。

(2)设定一个样本长度 $S = 63$ 天。

(3)然后在调仓日对于过去 S 天的数据进行回归分析,计算出每个股票在过去的 S

天里面 α 观测值。

(4) 最后买入 α 最小的 $N(N=10)$ 只股票即可。

以上参数皆可调整。2006 年至今的收益率高达 1484%，不仅跑赢了大盘，还跑赢了不少转化为多因子模型的方法的选股策略。图 5.7 表示这个策略的收益情况（股票池就是沪深 300 本身）。

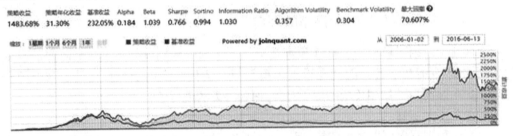

图 5.7　Fama-French 三因子模型套利策略回测结果

这个策略的 Alpha 高达 18.4%，而且 beta 非常接近 1，因此可以使用沪深 300 指数来对冲市场风险从而获得超额收益，下图表示这个策略的净值和沪深 300 组合的净值的比值。如图 5.8 所示。

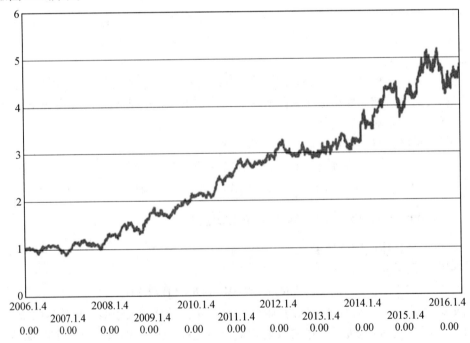

图 5.8　Fama-French 三因子模型套利策略净值与大盘净值比较

从图 5.8 中我们可以看出，虽然在熊市的时候回撤较大，但是如果用适合仓位的沪深 300 股指期货进行对冲的话，收益还是比较稳定的，因此说明了这个策略还是非常有效的。

四、策略思维导图

Fama-French 三因子模型思维导图如图 5.9 所示。

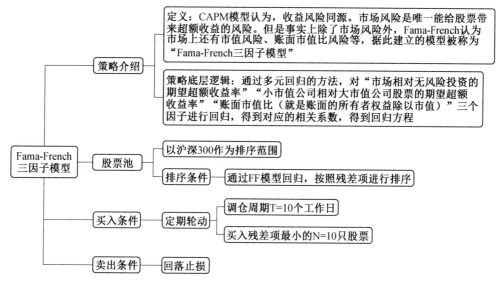

图 5.9 Fama-French 三因子模型思维导图

五、代码实现

```
#三/五因子模型选股
# 2020-01-01 到 2020-07-01，￥2000000，每天


import statsmodels.api as sm
from statsmodels import regression
import numpy as np
import pandas as pd
import time
from datetime import date
from jqdata import import *
'''
===============================================
总体回测前
===============================================
'''
#总体回测前要做的事情
def initialize(context):
    set_params()            #1 设置策参数
```

```
        set_variables()          #2 设置中间变量
        set_backtest()           #3 设置回测条件

    #1
    #设置策参数
    def set_params():
        g.tc=15     # 调仓频率
        g.yb=63     # 样本长度
        g.N=15      # 持仓数目
        g.NoF=5     # 三因子模型还是五因子模型


    #2
    #设置中间变量
    def set_variables():
        g.t=0                    #记录连续回测天数
        g.rf=0.04                #无风险利率
        g.if_trade=False         #当天是否交易


        #将2005-01-04至今所有交易日弄成列表输出
        today=date.today()       #取当日时间 xxxx-xx-xx
        a=get_all_trade_days()   #取所有交易日:[datetime.date(2005,1,4)到 datetime.date(2016,12,30)]
        g.ATD=['']*len(a)        #获得len(a)维的单位向量
        for i in range(0,len(a)):
            g.ATD[i]=a[i].isoformat()  #转换所有交易日为iso格式:2005-01-04到 2016-12-30
            #列表会取到2016-12-30,现在需要将大于今天的列表全部砍掉
            if today<=a[i]:
                break
        g.ATD=g.ATD[:i]          #iso格式的交易日:2005-01-04至今


    #3
    #设置回测条件
    def set_backtest():
        set_option('use_real_price',True)    #用真实价格交易
        log.set_level('order','error')
        set_slippage(FixedSlippage(0))       #将滑点设置为0
```

```
=================================================
每天开盘前
=================================================
'''
#每天开盘前要做的事情
def before_trading_start(context):
    if g.t%g.tc==0:
        #每 g.tc 天,交易一次行
        g.if_trade=True
        # 设置手续费与手续费
        set_slip_fee(context)
    # 设置可行股票池:获得当前开盘的沪深 300 股票池并剔除当前或者计算样本期间停牌的股票
        g.all_stocks = set_feasible_stocks(get_index_stocks('000300.XSHG'),g.yb,context)
        g.t+=1
#4 根据不同的时间段设置滑点与手续费
def set_slip_fee(context):
    # 将滑点设置为0
    set_slippage(FixedSlippage(0))
    #根据不同的时间段设置手续费
    dt=context.current_dt
    log.info(type(context.current_dt))

    if dt>datetime.datetime(2013,1,1):
        set_commission(PerTrade(buy_cost=0.0003, sell_cost=0.0013, min_cost=5))

    elif dt>datetime.datetime(2011,1,1):
        set_commission(PerTrade(buy_cost=0.001, sell_cost=0.002, min_cost=5))

    elif dt>datetime.datetime(2009,1,1):
        set_commission(PerTrade(buy_cost=0.002, sell_cost=0.003, min_cost=5))

    else:
        set_commission(PerTrade(buy_cost=0.003, sell_cost=0.004, min_cost=5))
#5
# 设置可行股票池:
```

```
# 过滤掉当日停牌的股票,且筛选出前 days 天未停牌股票
# 输入:stock_list-list 类型,样本天数 days-int 类型,context(见 API)
# 输出:颗星股票池-list 类型
def set_feasible_stocks(stock_list,days,context):
    # 得到是否停牌信息的 dataframe,停牌的 1,未停牌得 0
    suspened_info_df = get_price(list(stock_list), start_date=context.current_dt, end_date=context.current_dt, frequency='daily', fields='paused')['paused'].T
    # 过滤停牌股票 返回 dataframe
    unsuspened_index = suspened_info_df.iloc[:,0]<1
    # 得到当日未停牌股票的代码 list:
    unsuspened_stocks = suspened_info_df[unsuspened_index].index
    # 进一步,筛选出前 days 天未曾停牌的股票 list:
    feasible_stocks=[]
    current_data=get_current_data()
    for stock in unsuspened_stocks:
        if sum(attribute_history(stock, days, unit='1d', fields=('paused'), skip_paused=False))[0]==0:
            feasible_stocks.append(stock)
    return feasible_stocks
'''
==================================================
每天交易时
==================================================
'''
#每天交易时要做的事情
def handle_data(context, data):
    if g.if_trade==True:
        # 获得调仓日的日期字符串
        todayStr=str(context.current_dt)[0:10]#去掉时分秒,保留年月日
        # 计算每个股票的 ai
        ais=FF(g.all_stocks,getDay(todayStr,-g.yb),getDay(todayStr,-1),g.rf)
        # 为每个持仓股票分配资金
        g.everyStock=context.portfolio.portfolio_value/g.N
        # 依打分排序,当前需要持仓的股票
        try:
            stock_sort=ais.sort('score')['code']
        except AttributeError:
            stock_sort=ais.sort_values('score')['code']
```

```
            order_stock_sell(context,data,stock_sort)

            order_stock_buy(context,data,stock_sort)

        g.if_trade = False
#6
#获得卖出信号,并执行卖出操作
#输入:context, data,已排序股票列表 stock_sort-list 类型
#输出:none
def order_stock_sell(context,data,stock_sort):
    # 对于不需要持仓的股票,全仓卖出
    for stock in context.portfolio.positions:
        #除去排名前 g.N 个股票(选股!)
        if stock not in stock_sort[:g.N]:
            stock_sell = stock
            order_target_value(stock_sell, 0)
#7
#获得买入信号,并执行买入操作
#输入:context, data,已排序股票列表 stock_sort-list 类型
#输出:none
def order_stock_buy(context,data,stock_sort):
    # 对于需要持仓的股票,按分配到的份额买入
    for stock in stock_sort:
        stock_buy = stock
        order_target_value(stock_buy, g.everyStock)
#8
#按照 Fama-French 规则计算 k 个参数并且回归,计算出股票的 alpha 并且输出
#输入:stocks-list 类型; begin,end 为"yyyy-mm-dd"类型字符串,rf 为无风险收益率
-double 类型
#输出:最后的打分-dataframe 类型
def FF (stocks,begin,end,rf):
    LoS = len(stocks)
    #查询三因子/五因子的语句
    q = query(
        valuation.code,
        valuation.market_cap,
        (balance.total_owner_equities/valuation.market_cap/100000000.0).label("BTM"),
```

```
        indicator.roe,
        balance.total_assets.label("Inv")
).filter(
        valuation.code.in_(stocks)
)

df = get_fundamentals(q,begin)

#计算5因子再投资率的时候需要跟一年前的数据比较,所以单独取出计算
ldf = get_fundamentals(q,getDay(begin,-252))
#若前一年的数据不存在,则暂且认为Inv=0
if len(ldf)= =0:
        ldf=df
df["Inv"]=np.log(df["Inv"]/ldf["Inv"])


# 选出特征股票组合
try:
        S=df.sort('market_cap')['code'][:LoS/3]
        B=df.sort('market_cap')['code'][LoS-LoS/3:]
        L=df.sort('BTM')['code'][:LoS/3]
        H=df.sort('BTM')['code'][LoS-LoS/3:]
        W=df.sort('roe')['code'][:LoS/3]
        R=df.sort('roe')['code'][LoS-LoS/3:]
        C=df.sort('Inv')['code'][:LoS/3]
        A=df.sort('Inv')['code'][LoS-LoS/3:]
except AttributeError:
        S=df.sort_values('market_cap')['code'][:int(LoS/3)]
        B=df.sort_values('market_cap')['code'][LoS-int(LoS/3):]
        L=df.sort_values('BTM')['code'][:int(LoS/3)]
        H=df.sort_values('BTM')['code'][LoS-int(LoS/3):]
        W=df.sort_values('roe')['code'][:int(LoS/3)]
        R=df.sort_values('roe')['code'][LoS-int(LoS/3):]
        C=df.sort_values('Inv')['code'][:int(LoS/3)]
        A=df.sort_values('Inv')['code'][LoS-int(LoS/3):]
# 获得样本期间的股票价格并计算日收益率
df2 = get_price(stocks,begin,end,'1d')
df3=df2['close'][:]
```

```
df4 = np.diff(np.log(df3), axis=0) + 0*df3[1:]
#求因子的值
SMB = sum(df4[S].T)/len(S) - sum(df4[B].T)/len(B)
HMI = sum(df4[H].T)/len(H) - sum(df4[L].T)/len(L)
RMW = sum(df4[R].T)/len(R) - sum(df4[W].T)/len(W)
CMA = sum(df4[C].T)/len(C) - sum(df4[A].T)/len(A)

#用沪深300作为大盘基准
dp = get_price('000300.XSHG', begin, end, '1d')['close']
RM = diff(np.log(dp)) - rf/252

#将因子们计算好并且放好
X = pd.DataFrame({"RM":RM,"SMB":SMB,"HMI":HMI,"RMW":RMW,"CMA":CMA})
#取前g.NoF个因子为策略因子
factor_flag = ["RM","SMB","HMI","RMW","CMA"][:g.NoF]
print(factor_flag)
X = X[factor_flag]

# 对样本数据进行线性回归并计算ai
t_scores = [0.0]*LoS
for i in range(LoS):
    t_stock = stocks[i]
    sample = pd.DataFrame()
    t_r = linreg(X, df4[t_stock]-rf/252, len(factor_flag))
    t_scores[i] = t_r[0]

#这个scores就是alpha
scores = pd.DataFrame({'code':stocks,'score':t_scores})
return scores
#9
# 辅助线性回归的函数
# 输入:X:回归自变量 Y:回归因变量 完美支持list,array,DataFrame等三种数据类型
#      columns:X有多少列,整数输入,不输入默认是3()
# 输出:参数估计结果-list类型
def linreg(X, Y, columns=3):
    X = sm.add_constant(array(X))
```

```
                Y = array(Y)
                if len(Y)>1:
                    results = regression.linear_model.OLS(Y, X).fit()
                    return results.params
                else:
                    return [float("nan")] * (columns+1)
#10
# 日期计算之获得某个日期之前或者之后dt个交易日的日期
# 输入:precent-当前日期-字符串(如2016-01-01)
#       dt-整数,如果要获得之前的日期,写负数,获得之后的日期,写正数
# 输出:字符串(如2016-01-01)
def getDay(precent,dt):
    for i in range(0,len(g.ATD)):
        if precent<=g.ATD[i]:
            t_temp = i
            if t_temp+dt>=0:
                return g.ATD[t_temp+dt]#present 偏移dt天后的日期
            else:
                t = datetime.datetime.strptime(g.ATD[0],'%Y-%m-%d') + datetime.timedelta(days = dt)
                t_str=datetime.datetime.strftime(t,'%Y-%m-%d')
                return t_str
'''
==========================================
每天收盘后
==========================================
'''
# 每天收盘后要做的事情
def after_trading_end(context):
    return
# 进行长运算(本模型中不需要)
```

六、回测结果

Fama-French 三因子模型套利策略回测结果如图 5.10 所示。

图 5.10　Fama-French 三因子模型套利策略回测结果

第三节　彼得·林奇投资策略的构建

彼得·林奇生于 1944 年 1 月 19 日,是一位卓越的投资家,曾被《时代杂志》评为首席基金经理。1977 年至 1990 年,在彼得·林奇管理麦哲伦基金的 13 年间,基金规模大幅扩增,由 2000 万美元成长至 140 亿美元。彼得·林奇有过一个著名的论断:任何一家公司股票如果定价合理的话,市盈率就会与收益增长率相等。这就是 PEG 估值法,PEG 在综合考虑了低风险以及未来成长性的因素,可用于股票价值评估。本章浅谈"PEG 估值法",并给出策略进行回测。

一、PEG 估值法简介

达·芬奇说过:"把最复杂的变成最简单的,才是最高明的。"PEG 估值法就很好地体现了这个思想。下面,我们给出 PEG 的估值原理。

计算每只股票的 PEG 值,并排序,取 PEG 值最小的前 n 只股票,作为待买股票即可。

那么,这个 PEG 究竟是什么呢?

先介绍几个基本概念:

(1) EPS(Earnings Per Share)表示每股收益(一般按年计算)。

$$EPS = \frac{归属于普通股股东的当期净利润}{当期实际发行在外的普通股加权平均数}$$

(2) PE(Price to Earning Ratio)表示市盈率,是当前股价(P)相对每股收益(EPS)的比值。

$$PE = \frac{P}{EPS}$$

将 EPS 按照不同的计算法方法取出,我们可以得出适用范围不同的 PE(市盈率)。

①若每股收益(EPS)取最近4次的季报的每股收益的平均值,则计算出"滚动市盈率"(又称市盈率 TTM)。

②若每股收益(EPS)取去年的12个月的每股收益,则计算出"静态市盈率"(又称市盈率 LYR)。

③若每股收益(EPS)取预测下一年的每股收益,则计算出"动态市盈率"。

我们取"市盈率 TTM",更加接近现实。

(3) G(Growth Rate of Expected Profit)表示企业的收益增长率。收益增长率的计算方法不一,简便起见,本文取 EPS 增长率。

$$G = \frac{\text{EPS this year} - \text{EPS last year}}{\text{EPS last year}}$$

(4)基于以上几个指标,得出 PEG 的计算公式

$$PEG = \frac{PE}{G \times 100}$$

从以上公式可以看出,PE 蕴含着股价的信息,PEG 是一个股价相对于收益增长率的比值。直观来讲,PEG 越高,代表该公司的股价有被高估的可能性,不建议买。反之,PEG 越低,代表该公司的股价有被低估的可能性,考虑买入(一般情况下,PEG 越低越好)。

二、PEG 估值法的适用条件

PEG 是一个综合指标,既考察价值,又兼顾成长性。不难看出,PEG 估值法侧重于成长型的公司,非常适合对成长型公司的股票价值评估。在投资的世界里,倘若不在合适的范围内进行操作,就不是一个好策略。

要想成为一个好策略,就必须预先过滤股票池,筛选出符合 PEG 估值法运用条件的股票。以下几种情况就不适合用 PEG 估值法进行估值(表 5.1)。

表 5.1　PEG 估值法行业类型的关系

类别	原因
周期性行业	利润基础稳定不住,使用 PEG 容易造成误差
非成长股	收益增长率或市盈率为负的股票,不符合高增长的条件
项目类公司	利润高低依赖于公司接的项目数,利润基础稳定不住
稳定的大型公司	这类公司往往稳定有余而成长不足
融资依赖型的企业	因融资带来的高增长,不能稳定持续

本书仅对股票池的"非成长股"进行排除,有兴趣的读者,可以进行多次过滤。

三、利用 PEG 寻找成倍牛股

PEG 估值法是彼得·林奇用作评估成长型公司价值的方法。PEG 数值通常可分为四档(表 5.2)。

表 5.2 PEG 值与股票价值评估的关系

PEG 值	股票价值评估
0 至 0.5	相对低估
0.5 至 1	相对合理
1 至 2	相对高估
大于 2	高风险区

目前,我国处于高速发展的经济中,我们对 A 股高成长型公司的合理估值可以定为: PEG=1。举几个例子(表 5.3)。

表 5.3 PEG 值公司潜力的关系举例

公司名称	市盈率	收益增长率	PEG	股票价值评估
A 公司	66 倍	30%	2.2	高风险区
B 公司	30 倍	30%	1	估值合理
C 公司	30 倍	100%	0.3	低估,买入建仓

由此可见,C 公司就是那支能带来 N 倍收益的牛股,依照 PEG 估值法的思想,PEG 值越低越有潜力。

四、策略逻辑

(1)设置沪深 300 为初始股票池,实际情况中,当天停牌的股票是无法进行买卖操作的,所以在整体回测前,将当日停牌的股票剔除,得到可行股票池。

(2)前面已说明,本策略仅对成长股有效,所以仅仅过滤掉当日停牌的股票是不完善的。仍需过滤掉市盈率(PE)为负值,或收益增长率(G)为负值的股票。取数据函数 get_fundamentals 可以直接取 PE,G 值。get_fundamentals 函数的默认日期是 context.current_dt 的前一天,因为当天是无法知道今日的某些数据的。本策略使用默认值(缺省),避免未来函数,不建议修改。

(3)整体思路是非常简洁的,下面对股票的 PEG 进行排序,取出 PEG 最小(且全都小于 0.5)的前 n 只股票,作为调仓时待买入的股票列表。

(4)每次调仓时,先卖后买,腾出资金。对不在待买入列表的股票,执行卖出操作。对在待买入列表的股票,分配资金,执行买入操作。

五、应用 PEG 估值法的误区

(1)取市盈率和收益增长率数据时,应该取回测当天的前一天的数据,避免未来函数。在调用函数时,取数据函数 get_fundamentals 时间默认值是回测前一天,保持默认即可,不建议修改。

(2)计算出的 PEG 值并非越小越好,因为计算 PEG 时所用的收益增长率,是过去 n 年平均指标这样的历史数据。实际上,决定上市公司潜力的是其未来的增长率。目前

PEG 值小的公司并不代表其今后这一数值一定就小。

(3) 怎样选择高增长的公司？

重要的是选择的公司是要处在高增长的行业，比如互联网、环保、新材料、医药等，行业高增长是企业高增长的基石。选对了行业，再选择行业内的佼佼者即可。

(4) 市盈率或收益增长率为负的公司怎么计算 PEG？

这种公司对于我们来说没有研究价值。

(5) 市盈率用静态 LYR、滚动 TTM、还是动态的？

①市盈率 LYR：以上一年度每股收益计算的市盈率。有效但信息相对陈旧。

②市盈率 TTM：以最近四个季度每股收益计算的市盈率。有效并更接近现实。

③动态市盈率：以未来一年每股收益计算的市盈率。取决于行业研究员的财务报表的数据分析，具有预测未来的效果。

其中，市盈率 LYR 和市盈率 TTM 可以用 get_fundamentals 函数直接取。

六、策略思维导图

彼得·林奇有过一个著名的论断：任何一家公司股票如果定价合理的话，市盈率就会与收益增长率相等。这就是 PEG 估值法，PEG 综合考虑了低风险以及未来成长性的因素，可用于股票价值评估。

彼得·林奇投资模型思维导图如图 5.11 所示。

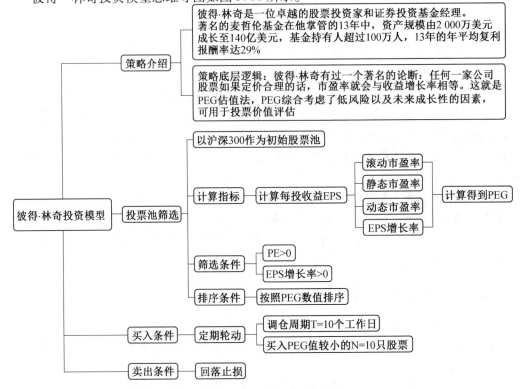

图 5.11　彼得·林奇投资模型思维导图

七、代码实现

\# 回测:2020-1-1 到 2021-5-21,¥1000000,每天

```
import pandas as pd
'''
===============================================
总体回测前
===============================================
'''
#总体回测前要做的事情
def initialize(context):
    set_params()                          # 设置策略常量
    set_variables()                       # 设置中间变量
    set_backtest()                        # 设置回测条件
#1
#设置策略参数
def set_params():
    g.tc = 15                             # 调仓天数
    g.num_stocks = 10                     # 每次调仓选取的最大股票数量
#2
#设置中间变量
def set_variables():
    g.t = 0                               # 记录回测运行的天数
    g.if_trade = False                    # 当天是否交易
#3
#设置回测条件
def set_backtest():
    set_option('use_real_price',True)     # 用真实价格交易
    log.set_level('order','error')        # 设置报错等级
'''
===============================================
每天开盘前
===============================================
'''
#每天开盘前要做的事情
def before_trading_start(context):
    if g.t%g.tc==0:
```

```
        g.if_trade = True                          # 每 g.tc 天,调仓一次
        set_slip_fee(context)                      # 设置手续费与手续费
        g.stocks = get_index_stocks('000300.XSHG') # 设置沪深 300 为初始股票池
        # 设置可行股票池
        g.feasible_stocks = set_feasible_stocks(g.stocks,context)
    g.t+=1

#4
# 设置可行股票池:过滤掉当日停牌的股票
# 输入:initial_stocks 为 list 类型,表示初始股票池;context(见 API)
# 输出:unsuspened_stocks 为 list 类型,表示当日未停牌的股票池,即:可行股票池
def set_feasible_stocks(initial_stocks,context):
    # 判断初始股票池的股票是否停牌,返回 list
    paused_info = []
    current_data = get_current_data()
    for i in initial_stocks:
        paused_info.append(current_data[i].paused)
    df_paused_info = pd.DataFrame({'paused_info':paused_info},index = initial_stocks)
    unsuspened_stocks = list(df_paused_info.index[df_paused_info.paused_info == False])
    return unsuspened_stocks

#5
# 根据不同的时间段设置滑点与手续费
# 输入:context(见 API)
# 输出:none
def set_slip_fee(context):
    # 将滑点设置为 0
    set_slippage(FixedSlippage(0))
    # 根据不同的时间段设置手续费
    dt = context.current_dt
    if dt>datetime.datetime(2013,1,1):
        set_commission(PerTrade(buy_cost=0.0003, sell_cost=0.0013, min_cost=5))

    elif dt>datetime.datetime(2011,1,1):
        set_commission(PerTrade(buy_cost=0.001, sell_cost=0.002, min_cost=5))
```

```
            elif dt>datetime.datetime(2009,1,1):
                set_commission(PerTrade(buy_cost=0.002, sell_cost=0.003, min_cost=5))
            else:
                set_commission(PerTrade(buy_cost=0.003, sell_cost=0.004, min_cost=5))
'''
================================================
每天交易时
================================================
'''
# 每天回测时做的事情
def handle_data(context,data):
    if g.if_trade == True:
        # 待买入的 g.num_stocks 只股票,list 类型
        list_to_buy = stocks_to_buy(context)
        # 待卖出的股票,list 类型
        list_to_sell = stocks_to_sell(context, list_to_buy)
        # 卖出操作
        sell_operation(list_to_sell)
        # 买入操作
        buy_operation(context, list_to_buy)
    g.if_trade = False


#6
# 计算股票的 PEG 值
# 输入:context(见 API);stock_list 为 list 类型,表示股票池
# 输出:df_PEG 为 dataframe: index 为股票代码,data 为相应的 PEG 值
def get_PEG(context, stock_list):
    # 查询股票池里股票的市盈率,收益增长率
    q_PE_G = query(valuation.code, valuation.pe_ratio, indicator.inc_net_profit_year_on_year
                ).filter(valuation.code.in_(stock_list))
    # 得到一个 dataframe:包含股票代码、市盈率 PE、收益增长率 G
    # 默认 date = context.current_dt 的前一天,使用默认值,避免未来函数,不建议修改
    df_PE_G = get_fundamentals(q_PE_G)
    # 筛选出成长股:删除市盈率或收益增长率为负值的股票
    df_Growth_PE_G = df_PE_G[(df_PE_G.pe_ratio >0)&(df_PE_G.inc_net_profit_year_on_year >0)]
```

```
        # 去除PE或G值为非数字的股票所在行
        df_Growth_PE_G.dropna()
        # 得到一个Series:存放股票的市盈率TTM,即PE值
        Series_PE = df_Growth_PE_G.ix[:,'pe_ratio']
        # 得到一个Series:存放股票的收益增长率,即G值
        Series_G = df_Growth_PE_G.ix[:,'inc_net_profit_year_on_year']
        # 得到一个Series:存放股票的PEG值
        Series_PEG = Series_PE/Series_G
        # 将股票与其PEG值对应
        Series_PEG.index = df_Growth_PE_G.ix[:,0]
        # 将Series类型转换成dataframe类型
        df_PEG = pd.DataFrame(Series_PEG)
        return df_PEG


#7
# 获得买入信号
# 输入:context(见API)
# 输出:list_to_buy为list类型,表示待买入的g.num_stocks只股票
def stocks_to_buy(context):
        list_to_buy = []
        # 得到一个dataframe:index为股票代码,data为相应的PEG值
        df_PEG = get_PEG(context, g.feasible_stocks)
        # 将股票按PEG升序排列,返回daraframe类型
        try:
             df_sort_PEG = df_PEG.sort(columns=[0], ascending=[1])
        except AttributeError:
             df_sort_PEG = df_PEG.sort_values(by=[0], ascending=[1])
        # 将存储有序股票代码index转换成list并取前g.num_stocks个为待买入的股
票,返回list
        for i in range(g.num_stocks):
             if df_sort_PEG.ix[i,0] < 0.5:
                  list_to_buy.append(df_sort_PEG.index[i])
        return list_to_buy


#8
# 获得卖出信号
# 输入:context(见API文档),list_to_buy为list类型,代表待买入的股票
# 输出:list_to_sell为list类型,表示待卖出的股票
```

```
defstocks_to_sell(context, list_to_buy):
    list_to_sell = []
    # 对于不需要持仓的股票,全仓卖出
    for stock_sell in context.portfolio.positions:
        if stock_sell not in list_to_buy:
            list_to_sell.append(stock_sell)
    return list_to_sell
#9
# 执行卖出操作
# 输入:list_to_sell 为 list 类型,表示待卖出的股票
# 输出:none
def sell_operation(list_to_sell):
    for stock_sell in list_to_sell:
        order_target_value(stock_sell, 0)
#10
# 执行买入操作
# 输入:context(见 API);list_to_buy 为 list 类型,表示待买入的股票
# 输出:none
def buy_operation(context, list_to_buy):
    for stock_sell in list_to_buy:
        # 为每个持仓股票分配资金
        g.capital_unit = context.portfolio.portfolio_value/len(list_to_buy)
        # 买入在"待买股票列表"的股票
        for stock_buy in list_to_buy:
            order_target_value(stock_buy, g.capital_unit)
'''
================================================
每天收盘后
================================================
'''
# 每天收盘后做的事情
# 进行长运算(本策略中不需要)
def after_trading_end(context):
Return
```

八、回测结果

彼得·林奇投资模型回测结果如图 5.12 所示。

图 5.12　彼得·林奇投资模型回测结果

本章小结

本章主要介绍了多因子量化交易模型的基本框架，并重点以 Fama-French 三因子模型为例讲解了其在量化中的应用方法。多因子模型已经成为股票量化策略中的主流，也是同学们最应当了解的方法之一。多因子模型的核心是用特定的因子去解释超额收益产生的原因，但我们更应当关注的是哪些因子会长期有效，而有些因子可能仅仅是短期存在的。本章还介绍了彼得·林奇投资策略的构建方法。彼得·林奇是投资界的一个经典传奇，通过将他的策略量化，来为同学们演示如何将一个经典进行量化的复现。其基本原理是市盈率与收益增长率相匹配可能是一家好公司。

思考题 1：CAPM 模型认为，收益风险同源，在哪些特定情况下，可以达到收益最大而风险最小？

思考题 2：投资业界的其他传奇人物，我们能不能将其投资思想归纳成一个量化模型，并放在当今市场上进行验证？

第六章 期货量化投资策略的构建方法
——CTA 股指期货跨期套利策略

沪深 300 股指期货推出已久,利用它来进行套利交易是相关理论研究者和实际工作者非常关注的问题。N. Burgess 利用协整模型对 FTSE100 指数进行套利取得了良好的效果,Board 和 Sutcliffe 利用协整方法对大阪、新加坡和芝加哥的日经 225 指数合约之间的价差套利研究表明也存在套利交易空间。同时协整分析在股票指数间的长期平稳关系或期货保值中也得到广泛应用。

股指期货的两个不同期货合约因为对应同一个股票指数,所以存在着长期协整关系的基础。依据配对交易的思想,基于协整的股指期货套利的核心在于准确发现价差交易出现的时机和概率,而本书可应用协整方法来构建不同到期月份合约价格序列的长期均衡关系,估计价差序列的分布,从而制定恰当的价差交易策略。

本章利用二元协整的跨期套利策略对沪深 300 指数期货做相关的跨期套利研究,结果表明,本书提供的跨期套利策略具有可以发现更多的套利机会且风险可控等方面的优势。

第一节 股指期货及跨期套利策略与模型

股指期货指以股票价格指数为标的物的期货合约。由已有的金融文献中持有成本定价原理可知,股指期货定价公式为

$$F = S^{(r-q)}(T-t)$$

式中 F——股指期货在时间 t 时的价格;
S——现货指数在时间 t 时的价格;
r——以连续复利计算的无风险利率;
q——股息收益率;
T——期货合约到期时间,年;
t——现在的时间,年。

一般来说,基于相同标的股票指数的股指期货在市场上会有不同交割月份的合约同时交易。而股指期货的跨期套利,就是指利用基于同一股票指数的两个不同交割月份的股指期货合约之间的价差进行的套利交易。严格来讲,跨期套利不是无风险套利,它实际上属于价差套利交易,所以其操作重点在于判断不同交割月份合约的价差将来是扩大还是缩小。

依据对不同交割月份合约价差未来走势的判断,可将跨期套利的策略划分为三种。

牛市(多头)跨期套利,即判断远期合约相对近期合约被低估,设远期合约价格为 F_2,近期合约价格为 F_1,则 $F_2 = S_0 - e[r(T_2-T_0)]$,$F_1 = S_0 - e[r(T_1-T_0)]$,此时 F_2 偏小,则存在套利空间,在套利的驱使下,F_2 将回归正常,即 F_2 将变大,价差将扩大,我们可以买入远期合约的同时卖出近期合约。

熊市(空头)跨期套利,即判断近期合约相对远期合约被低估,价差将缩小,我们可以买入近期合约的同时卖出远期合约。

在本章中讨论多头与空头策略,而上述策略的实现则需要跨期套利模型提供精确的标准来进行。

传统的股指期货跨期套利依据股指期货的持有成本定价公式产生的无套利空间确定跨期套利策略。如现有近期合约 F_1 和远期合约 F_2,则依据股指期货定价公式有

$$\ln F_2 - \ln F_1 = (r-q)(T_2 - T_1)$$

如不考虑交易费用,则 $(r-q)(T_2-T_1)$ 是两对数序列的价差的平衡点,则当这两对数序列的价差大于 $(r-q)(T_2-T_1)$ 时,说明价差偏大,价差将缩小,则实行空头策略,反之,则实行多头策略。然而这一模型存在如下缺陷。

(1)基于持有成本理论中的股息收益率 q 不易确定,限制了其应用。

(2)基于持有成本理论的套利往往需要经历较长时间才能完成,因为它的价差会一直处于偏高或偏低的状态,只有在合约临近到期时才有回归的压力。

第二节 协整模型

基于协整的跨期套利模型则可以避免上面的缺陷,并且可以充分利用已有的市场交易数据所提供的最新信息,从而发现更多的套利机会。其基本思路如下。

假设现有一段时间内的两期货合约序列分别设为近期合约 F_1 和远期合约 F_2,本书先将这段时间分成两段(前一段时间较长),然后以第一段数据建立模型,第二段数据以第一段数据建好的模型为依据来进行交易。

(1)在第一段数据中,先对两合约序列取对数为 $\ln F_1$,$\ln F_2$,则这两对数序列的协整关系处理可分为两步:首先,检验 $\ln F_1$,$\ln F_2$ 是否存在单位根;其次,若这两对数序列都存在单位根,那么就检验它们是否存在协整关系,即对它们建立回归方程(A,B 代表方程回归系数,resid1 代表回归残差项)

$$\ln F = A + B\ln F_1 + \text{resid1}$$

若 resid1 不含单位根为平稳序列,则两对数序列存在协整关系。

(2)接着将这一协整模型结果代入到第二段数据中,并设在这一时点满足上一段时间的回归关系,即

$$\text{resid2} = \ln F_2 - B\ln F_1 - A$$

而第一段数据中建立的协整模型的残差为 resid1,其样本标准差为 std(resid1),则再设

$$\text{resid3} = \text{resid2}/\text{std}(\text{resid1})$$

(3)我们可以认为在第一段时间内建立的模型在第二段时间内依然成立,所以 resid2

和 resid1 有相同的分布，且都是均值为 0 的白噪声。由此可知，resid2 时刻存在着向均值 0 回归的内在要求，而不像基于持有成本理论定价的套利策略只有在合约临近到期时价差才有回归的压力，这样的特性使得可以发现更多的套利机会。当 resid2 的绝对值超过一个样本方差时（也就是当 |resid3|>1 时），可以认为是一个较好的套利机会，但当 resid2 的绝对值超过两个样本方差（也就是当 |resid3|>2）这样的小概率事件发生时，则往往意味着这两对数序列的协整关系已经不再成立。综上所述，可将开仓平仓的标准设定如下。

(1) 当 resid3 的绝对值超过 1 且小于 2 时开仓。
(2) 开仓后当 resid3 回落到 0 值时平仓。
(3) 开仓后当 resid3 的绝对值超过 2 时认亏平仓。

这样的开仓平仓标准可以确保两对数序列的价差在可控的范围内，而不像基于持有成本理论的套利策略那样：开仓后价差不在可控范围内，可能会向不利方向发展过大从而导致爆仓。

第三节　策略交易过程

我们以 2010 年 7 月 1 日 14:21 这一时间点为例来介绍一下上述策略的执行过程。

(1) 我们在每一个分钟数据上取过去 240 分钟的 IF1007 和 IF1008 的收盘数据 F_1，F_2，对上述数据取对数，得到 $\ln F_1$ 和 $\ln F_2$。利用 ADF 检验判断 $\ln F_1$ 和 $\ln F_2$ 是否为平稳时间序列。

序列	检验 t 值	检验 p 值
$\ln F_1$	−1.048804	0.735051
$\ln F_2$	−0.858032	0.801479

由上可知，$\ln F_1$ 和 $\ln F_2$ 均为非平稳序列。

(2) 对 $\ln F_2$ 和 $\ln F_1$ 做回归可得

$$\ln F_2 = 0.49513029 + 0.93776831 \ln F_1 + \text{resid1}$$

对 resid1 进行 ADF 检验

序列	检验 t 值	检验 p 值
resid1	−4.318837	0.000412

可以发现残差项此时的 p 值仅为 0.000412，远小于 0.01 的临界值。此时我们认为两个对数序列满足协整关系，接着我们可以利用这一协整关系来进行交易。

(3) 接下来这段时间内我们可以利用上述选择的标准进行交易。首先我们认为这段时间内协整关系依然会保持下去。因此当两股指期货价格出现偏离时，其偏离最终会回归到 0。具体交易思路如下，在每个交易分钟开始时我们取上一分钟的两股指期货的收盘价的对数，记为 $\ln F_1$ 和 $\ln F_2$，将其带入步骤(2)中得到残差项 resid2。

$$\text{resid2} = \ln F_2 - (0.49513029 + 0.93776831 \ln F_1)$$

将这一残差项标准化为 resid3 = resid2/std(resid1)；则 resid3 有向 0 均值回归的特性。根据这一特征我们设计了下面的交易策略。

①在 14:21 时,如果 resid3>1 且 resid3<2,说明远期的股指期货相对近期的股指期货价格偏高。因此进入近期期货合约的长头寸同时进入远期期货合约的短头寸。反之,如果 resid3<-1 且 resid3>-2 时,按照和上述相反的头寸进行建仓。由于过大的交易量在实际交易中会造成较大的冲击成本,为了反映现实情况我们将交易量限制在下一分钟两个期货合约交易量的十分之一。

②在 1<resid3<2 的情况下建仓后,如果当 |resid3|<1 时,我们认为 resid3 向均值 0 回归,此时我们将在股指期货公式中建立的仓位平仓。当|resid3|>2 时我们认为判断出现错误,resid3 并没有按照预期回归到 0,此时为了避免更大的损失我们提前平仓止损。

③在 2015 年 9 月 7 日之后因为交易数量有限制,最多只能交易 10 日,且平仓手续费变为原来的 100 倍,因此我们此处严格按照这一限制进行仓位操作。

第四节　策略思维导图

股指期货跨期套利策略思维导图如图 6.1 所示。

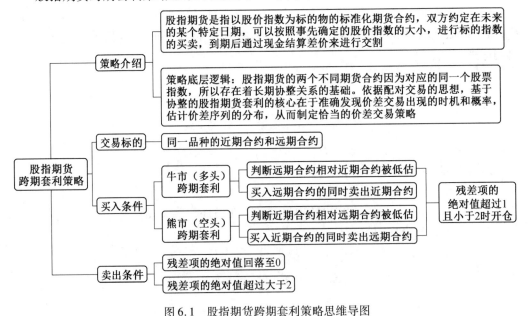

图 6.1　股指期货跨期套利策略思维导图

第五节　代码实现

```
import statsmodels.api as sm
fromstatsmodels import regression
import numpy as np
```

```python
import pandas as pd
import time
from datetime import date
from jqdata import *
import datetime
from dateutil.relativedelta import relativedelta
import matplotlib.pyplot as plt
from statsmodels.tsa.stattools import adfuller
'''
===============================================
总体回测前
===============================================
'''
#总体回测前要做的事情
def initialize(context):
    set_params()           #1 设置策参数
    set_variables()        #2 设置中间变量
    set_backtest()         #3 设置回测条件
    set_subportfolios([SubPortfolioConfig(cash=0, type='stock'), SubPortfolioConfig(cash=context.portfolio.total_value, type='index_futures')])


#1
#设置策参数
def set_params():
    g.yb = 63
    g.start = '09:30:00'
    g.end = '14:20:00'
#2
#设置中间变量
def set_variables():
    #标记是哪种仓位的买卖操作
    g.count_1, g.count_2 = 0, 0
#3
#设置回测条件
def set_backtest():
    set_option('use_real_price', True) #用真实价格交易
    log.set_level('order', 'error')
    set_slippage(FixedSlippage(0))     #将滑点设置为0
'''
```

```
=========================================
每天开盘前
=========================================
"""
#每天开盘前要做的事情
def before_trading_start(context):
    #设置股票交易手续费
    set_slip_fee(context)
    g.side=0
#4 根据不同的时间段设置滑点与手续费
def set_slip_fee(context):
    #将滑点设置为0
    set_slippage(FixedSlippage(0))
    #根据不同的时间段设置手续费
    dt=context.current_dt
    #设置期货合约保证金和手续费
    #15-09-07之前,保证金费率及交易手续费都较低,15-09-07之后保证金费率及交易手续费都变得较高,且在此之后每天最多只能交易10手
    if dt<datetime.datetime(2012,9,24):
        #期货合约保证金
        g.futures_margin_rate = 0.12
        #手续费
        set_order_cost(OrderCost(open_tax=0, close_tax=0, open_commission=0.00005, close_commission=0.00005, close_today_commission=0.00005, min_commission=0), type='index_futures')
        #每日最多交易手数,之前没有交易限制
        g.count=float('inf')
    elif dt<datetime.datetime(2015,8,28):
        g.futures_margin_rate = 0.12
        set_order_cost(OrderCost(open_tax=0, close_tax=0, open_commission=0.000025, close_commission=0.000025, close_today_commission=0.000025, min_commission=0), type='index_futures')
        g.count=float('inf')
    elif dt<datetime.datetime(2015,9,6):
        g.futures_margin_rate = 0.4
        set_order_cost(OrderCost(open_tax=0, close_tax=0, open_commission=0.000025, close_commission=0.000025, close_today_commission=0.00115, min_commission=0), type='index_futures')
```

```
            g. count = float('inf')
        else:
            g. futures_margin_rate = 0.4
            set_order_cost(OrderCost(open_tax=0, close_tax=0, open_commission=0.
000025, close_commission=0.000025, close_today_commission=0.0023, min_commission=
0), type='index_futures')
            g. count = 5
        set_option('futures_margin_rate', g. futures_margin_rate)
'''
        ============================================
每天交易时
        ============================================
'''
#6
#每个交易日需要运行的函数
def handle_data(context, data):
    #获取交易信号
    signal = get_signal(context)
    #根据交易信号进行建仓平仓
    rebalance(context, signal)
#7
#获取交易信号
def get_signal(context):
    #取今天交易日期字符串
    day = context. current_dt. strftime('%Y-%m-%d')
    #获取最近相邻两月份过去240分钟的股指期货价格数据
    df = attribute_history(get_current_month_future(context,'IF'),240,'1m','close')
    df1 = attribute_history(get_next_month_future(context,'IF'),240,'1m','close')
    #取出pd.Series数据,后面回归用
    ts = df['close']      # 生成pd.Series对象
    ts1 = df1['close']
    # 查看数据格式,并排除数据错误所带来的误差
    # 将上述所得数据取对数
    ts_log, ts1_log = np. log(ts), np. log(ts1)
    x1, y1 = ts_log. values, ts1_log. values
    #将pd.Series转化为np.array
    x = np. array(x1)
    X = sm. add_constant(x)
```

```python
            y = np.array(y1)
            results = sm.OLS(y, X).fit()
            resid = y-(results.params[0]+results.params[1]*x)
            #记录残差项
            resid1 = pd.Series(resid)
            resid1.dropna(inplace=True)

            if len(resid1)>0:
                #对残差项进行 ADF 检验,并记录检验 p 值
                p_value = testStationarity(resid1)['p-value']

                print(context.current_dt, p_value)
                #将 ADF 检验的 p 临界值设为0.01,当 p 小于0.01时拒绝原假设,认为序列平稳
                if(p_value<0.01):
                    f1, f2 = get_current_month_future(context, 'IF'), get_next_month_future(context, 'IF')
                    #取过去1分钟的两相邻月份股市期货收盘价
                    df_01 = attribute_history(f1, 1, '1m', fields='close')
                    df_02 = attribute_history(f2, 1, '1m', fields='close')
                    df_1 = np.log(df_01)
                    df_2 = np.log(df_02)
                    #带入之前回归得到的方程计算每一分钟的残差 resid_2
                    resid_2 = np.array(df_2)-results.params[0]-results.params[1]*np.array(df_1)
                    resid_3 = resid_2/resid1.std()
                    return resid_3
                else:
                    #如果 resid_1 不平稳,则返回一个较大的数
                    return 100
            else:
                return 100
#8
#根据交易信号进行建仓或者平仓
def rebalance(context, signal):
    resid_3 = signal
    #获取最近相邻两月份从9:30到14:20的股指期货价格
    f1, f2 = get_current_month_future(context, 'IF'), get_next_month_future
```

(context,'IF')
　　　　　#此处用了个未来函数,查一下未来成交量
　　　　t1,t2=get_price(f1,count=1,end_date=context.current_dt,frequency='1m',fields='volume'),get_price(f2,count=1,end_date=context.current_dt,frequency='1m',fields='volume')
　　　　#取过去1分钟的两相邻月份股市期货收盘价
　　　　df_01=attribute_history(f1,1,'1m',fields='close')
　　　　df_02=attribute_history(f2,1,'1m',fields='close')
　　　　print(df_01['close'],df_02['close'])
　　　　if(len(df_01['close'].dropna())!=0 and len(df_02['close'].dropna())!=0):
　　　　　　　　t=min(int(t1['volume'].values/10),int(t2['volume'].values/10),int((context.portfolio.total_value/2)/(300*g.futures_margin_rate*df_01['close'].values)),int((context.portfolio.total_value/2)/(300*g.futures_margin_rate*df_02['close'].values)),(g.count))
　　　　　　　　print('t:%d'%t)
　　　　　　#根据 signal 值选择建仓或者平仓
　　　　　　if(resid_3>1.0 and resid_3<2 and g.count_1==0 and g.count_2==0):
　　　　　　　　if(context.current_dt.strftime('%H:%M')<'14:59'):
　　　　　　　　　　#将仓位中的钱一半进入低估期货的长头寸,一半进入高估期货的短头寸
　　　　　　　　　　order_target(f1,t,side='long',pindex=1)
　　　　　　　　　　order_target(f2,t,side='short',pindex=1)
　　　　　　　　　　g.count=g.count-t
　　　　　　　　　　print(g.count)
　　　　　　　　　　g.count_1=1
　　　　　　elif(resid_3<-1 and resid_3>-2 and g.count_1==0 and g.count_2==0):
　　　　　　　　if(context.current_dt.strftime('%H:%M')<'14:59'):
　　　　　　　　　　#将仓位中的钱一半进入低估期货的长头寸,一半进入高估期货的短头寸
　　　　　　　　　　order_target(f1,t,side='short',pindex=1)
　　　　　　　　　　order_target(f2,t,side='long',pindex=1)
　　　　　　　　　　g.count=g.count-t
　　　　　　　　　　print(g.count)
　　　　　　　　　　g.count_2=1
　　　　　　elif(abs(resid_3)<1 or abs(resid_3)>2):
　　　　　　　　#根据之前记录的仓位信息进行平仓,或者当临近收盘时将仍为平仓的仓位平仓

```
            if(g.count_1 == 1):
                #平仓后将记号恢复为0
                g.count_1 = 0
                order_target(f1,0,side='long',pindex=1)
                order_target(f2,0,side='short',pindex=1)
                print(context.portfolio.total_value)
            elif(g.count_2 == 1):
                #平仓后将记号恢复为0
                g.count_2 = 0
                order_target(f1,0,side='short',pindex=1)
                order_target(f2,0,side='long',pindex=1)
                print(context.portfolio.total_value)
#9
# 取当月连续string,symbol是'IF','IC','IH'
# 输出例如'IF1508.CCFX'
def get_current_month_future(context, symbol):
    dt = context.current_dt
    month_begin_day = datetime.date(dt.year, dt.month, 1).isoweekday()
    third_friday_date = 20-month_begin_day + 7*(month_begin_day>5)
    # 如果没过第三个星期五或者第三个星期五(包括)至昨日的所有天都停盘
    if dt.day<=third_friday_date or (dt.day>third_friday_date and not any([datetime.date(dt.year, dt.month, third_friday_date+i) in get_all_trade_days() for i in range(dt.day-third_friday_date)])):
        year = str(dt.year)[2:]
        month = str(dt.month)
    else:
        year = str(dt.year+dt.month//12)[2:]
        month = str(dt.month%12+1)
    if len(month) == 1:
        month = '0'+month
    return(symbol+year+month+'.CCFX')
#10
# 取下月连续string
def get_next_month_future(context, symbol):
    dt = context.current_dt
    month_begin_day = datetime.date(dt.year, dt.month, 1).isoweekday()
    third_friday_date = 20-month_begin_day + 7*(month_begin_day>5)
    # 如果没过第三个星期五或者第三个星期五(包括)至昨日的所有天都停盘
```

```
            if dt.day<=third_friday_date or (dt.day>third_friday_date and not any([datetime.
date(dt.year, dt.month, third_friday_date+i) in get_all_trade_days() for i in range(dt.day-
third_friday_date)])):
                year = str(dt.year+dt.month//12)[2:]
                month = str(dt.month%12+1)
            else:
                next_dt = dt + relativedelta(months=2)
                year = str(dt.year+(dt.month+1)//12)[2:]
                month = str((dt.month+1)%12+1)
            if len(month)==1:
                month = '0'+month
            return(symbol+year+month+'.CCFX')

    #11
    #做ADF检验
    def testStationarity(ts):
        dftest = adfuller(ts)
        #对上述函数求得的值进行语义描述,即取t值,p值,滞后长度,样本个数
        dfoutput = pd.Series(dftest[0:4], index = ['Test Statistic','p-value','#Lags
Used','Number of Observations Used'])
        for key,value in dftest[4].items():
            dfoutput['Critical Value (%s)'%key] = value
        return dfoutput
    '''
    ================================================
    每天收盘后
    ================================================
    '''
    #12
    # 每日收盘后要做的事情(本策略中不需要)
    def after_trading_end(context):
    Return
```

第六节 回测结果

股指期货跨期套利策略回测结果如图 6.2 所示。

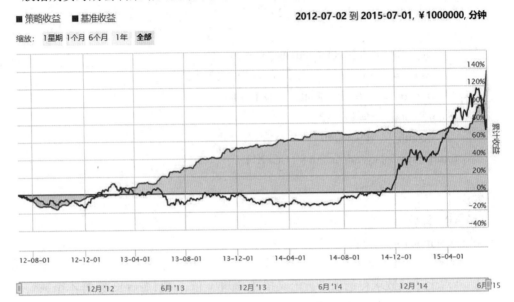

图 6.2 股指期货跨期套利策略回测结果

本章小结

CTA 策略主要应用于期货市场,并与股票的多因子策略有很大的差异,这是因为期货市场的交易相对比较频繁,对于基本面的反映没有股票那么敏感。另外,期货还存在一个跨期套利的机会,相当于对于一个标的,人们的预期会有所不同。

思考题:跨期套利的换仓月,应当如何规避不回归的风险?

第七章 基金量化投资策略的构建方法
——基于 LOF 的基金轮动策略

第一节 基金的基本分类

一只基金按照不同的分类方式,可以分成多种类型。

基金的基本分类见表 7.1。

表 7.1 基金的基本分类

分类	类型			
募集方式	公募基金		私募基金	
运作方式	封闭式基金		开放式基金	
投资理念	主动型基金		被动型基金	
法律形式	契约型基金		公司型基金	
交易方式	场内基金		场外基金	
资金来源	在岸基金		离岸基金	
风格	价值型基金	成长型基金		平衡型基金
投资对象	股票型基金	债券型基金	货币型基金	混合型基金
特殊类型	基中基（FOF）	保本基金	交易型开放指数基金	上市开放式基金（LOF）	QDII 基金、分级基金、系列基金

简而言之,公募基金是公开发售的基金,而私募基金就是非公开发售的,或者说是私下发生的基金。

主动型基金和被动型基金主要是指股票型基金的两个分支,一般也称为主动型股票基金和被动型股票基金。可以按照如下的方式来理解:股票型基金所募集的资产主要是用来投资股票的。那这只基金的管理团队要把这些钱用于投资哪些股票呢？此时有两种选择:要么这只基金的管理团队自己去挖掘,去研究股票,进而寻找那些有价值投资的股票进行投资。这种自己主动去挖掘股票,去研究股票市场的基金的投资方式,被称为主动型股票基金。因为他们是主动地去寻找有价值的股票。还有一种方式就是这只基金的管理团队不去主动寻找股票,而是直接照抄别的指数所提供的成分股。比如我们经常听到的沪深 300 指数。上海交易所和深圳交易所这两家交易所就合并起来,从中抽取 300 只规模比较大、流动性比较好的股票,把这 300 只股票放入一个篮子里,形成一只指数,就是沪深300指数。基金公司不去主动研究哪些股票好，而是直接照抄这300只成分股，被称为被动型股票基金。

交易场所不同是区分场内基金和场外基金最简单的方法。场内基金就是指在交易所内进行买卖的基金，而场外基金的申购赎回渠道较多，可以在银行、券商，也可以在第三方理财平台。

第二节　LOF基金概述

LOF基金，英文全称是Listed Open-Ended Fund，译为"上市型开放式基金"。从分类来看，LOF基金属于开放式基金、场内型基金、主动性基金。

上市型开放式基金本质上仍是开放式基金，基金份额总额不固定，基金份额可以在基金合同约定的时间和场所申购、赎回。投资者通过二级市场交易基金，可以减少交易费用。封闭式基金的交易费用为三部分，交易佣金、过户费和印花税，其中过户费和印花税不收，交易佣金为3‰，可以视交易量大小向下浮动，最低可到1‰左右。对比开放式基金场外交易的费用，开放式基金按类型有所不同。按双向交易统计，场内交易的费率两次合并为6‰，场外交易申购加赎回股票型基金为15‰以上，债券型基金一般也在6‰以上。场外交易的成本远大于场内交易的成本。

开放式基金场外交易采用未知价交易，T+1日交易确认，申购的份额T+2日才能赎回，赎回的金额T+3日才从基金公司划出，需要经过托管银行、代销商划转，投资者最迟T+7日才能收到赎回款。LOF增加了开放式基金的场内交易，买入的基金份额T+1日可以卖出，卖出的基金款如果参照证券交易结算的方式，当日就可用，T+1日可提现金，与场外交易比较，买入比申购提前1日，卖出比赎回最多提前6日。减少了交易费用和加快了交易速度直接的效果是基金成为资金的缓冲池。

LOF采用场内交易和场外交易同时进行的交易机制为投资者提供了基金净值和围绕基金净值波动的场内交易价格，由于基金净值是每日交易所收市后按基金资产当日的净值计算，场外的交易以当日的净值为准采用未知价交易，场内的交易以交易价格为准，交易价格以昨日的基金净值做参考，以供求关系实时报价。场内交易价格与基金净值价格不同，投资者就有套利的机会。

LOF基金套利操作提供给投资者两种套利机会。

（1）当LOF基金二级市场交易价格超过基金净值时，以下简称A类套利，LOF基金有二级市场交易价格和基金净值两种价格。LOF基金二级市场交易价格如股票二级市场交易价格一样是投资者之间互相买卖所产生的价格。而LOF基金净值是基金管理公司利用募集资金购买股票、债券和其他金融工具后所形成的实际价值。交易价格在一天交易时间里，是连续波动的，而基金净值是在每天收市后，由基金管理公司根据当天股票和债券等收盘价计算出来的。净值一天只有一个。

（2）当LOF基金二级市场交易价格低于基金净值时（这种情况常常出现于熊市或下跌市），以下简称B类套利。当LOF基金二级市场交易价格低于基金净值时，并且这样的差价足够大过其中的交易费用（一般情况下，该费用=二级市场0.3%交易费用+赎回费用 0.5% = 0.8%）时，那么 B 类套利机会就出现了。

除了以上介绍的溢价套利策略以外，我们更加注重 LOF 基金从动量角度出发的阿尔法收益。

学术上对动量的研究，至少可追溯至 Jegadeesh. N. 和 Titman. S.（1993）的经典文章。自此之后，动量效应（Momentum）正式步入学术研究的殿堂，而在业界的应用，虽缺少明确考证，但很可能更早。

具体而言，动量因子组合的构造是简单的。遵循在第三章中所介绍的 Fama-French 式因子的标准构造流程，依据过去一段时间（最常见的是 12 个月）的涨跌幅从大到小排序，做多前 10% 的股票，做空后 10% 的股票（换言之，做多过去 12 个月涨得最厉害的股票，做空过去 12 个月跌得最厉害或涨得最少的股票）。简单起见，组合内股票仍然采用等权重配置，之后每个月更新组合即可。

图 7.1 反映了 A 股市场上动量因子的表现。这里有两个可能的原因。首先，看 A 股的历史表现，动量组合虽然也会长期做多小市值股票，但也会在不同时期做空小市值股票，而这些股票在之后的大幅上涨，可能导致动量因子表现变差。其次，在讨论这些因子时，为了展示纯因子的影响，我们没有考虑交易费用。而在计算动量因子时，考虑到其潜在的高换手率，我们引入了一个交易费率，因此，长期的复合表现也变差了。

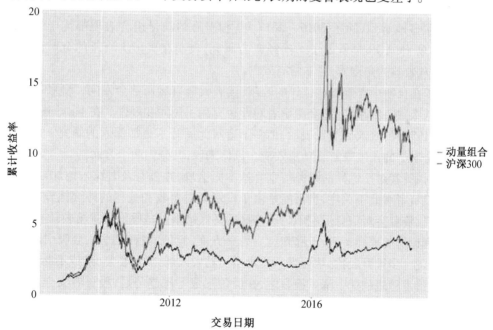

图 7.1　A 股市场上动量因子收益率与沪深 300 对比（见彩图）

切换到对数视角再看一看（图 7.2）。

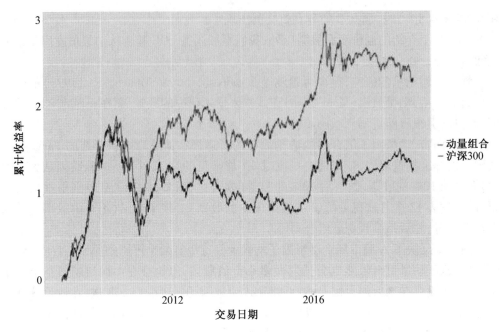

图 7.2　扣费后的动量组合与沪深 300 的收益率曲线(见彩图)

可以很明显地看到,除了 2016～2017 年,扣费后的动量组合表现都优于基准沪深 300 指数。事实上,AQR 早就做了一项经典的研究,表明在美国上百年的金融市场历史上,动量因子从收益的角度看,是非常有效的。

动量因子在长期中有着如此优异的表现,读者大概自然而然会发问,"凭什么呢? 动量为什么就这么独特?"事实上,金融学者对此也充满了疑问和好奇。在 Jegadeesh. N. 和 Titman. S. (1993)的经典研究发表后,诸多学者对此展开了更加深入的研究。已有研究大多从行为金融学的角度来解释动量效应。具体来说,又分为两个方面。

一方面,投资者对于优异的财务信息等基本面信息,并没有及时深入地加以利用,既可能是由于投资者对此不关注,也可能是由于投资者对营收和盈利的持续优异表现没有预期。因此,投资者会对信息反应不足。这样的必然结果就是股价会持续多日上升,而非像有效市场理论讲的那样,一步上涨到位。另一方面,股价的持续上升,会吸引趋势交易者入场买入,进一步推升股价,从而进一步吸引交易者入场,如此往复,形成不断自我强化的正反馈,股价也随之加速上涨。换言之,在股价形成上涨趋势后,投资者又会对股价变动反应过度。

第三节　策略逻辑

一、LOF 池筛选

条件一:T1 日成交总金额大于 M 亿元。以成交额作为筛选活跃基金的首要条件。成交额是指某一特定时期内,在交易所交易市场成交的某种股票的金额,其单位以人民币

"元"计算。成交额的多少,不仅取决于市场的投资热情,还取决于相应产品的吸引力大小,以及投资者对该产品的熟悉程度。成交额达到一定水平才能保证交易标的的流通性,较好的流通性是促成量化投资的重要保证之一。因此,选择成交额作为首要的筛选条件,此处选择 T1(T1=10)日成交总金额大于 $M(M=2)$ 亿元。其中,T1 和 M 的值均可优化。

条件二:贝塔系数大于 N。β 系数也称为贝塔系数(Beta coefficient),是一种风险指数,用来衡量个别股票或股票基金相对于整个股市的价格波动情况。它所反映的是某一投资对象相对于大盘的表现情况。其绝对值越大,显示其收益变化幅度相对于大盘的变化幅度越大;绝对值越小,显示其变化幅度相对于大盘越小。如果是负值,则显示其变化的方向与大盘的变化方向相反;大盘涨的时候它跌,大盘跌的时候它涨。根据投资理论,全体市场本身的 β 系数为1,若基金投资组合净值的波动大于全体市场的波动幅度,则 β 系数大于1。反之,若基金投资组合净值的波动小于全体市场的波动幅度,则 β 系数就小于1。β 系数越大的证券,通常是投机性较强的证券。贝塔系数衡量股票收益相对于业绩评价基准收益的总体波动性,是一个相对指标。β 越高,意味着股票相对于业绩评价基准的波动性越大。β 大于1,则股票的波动性大于业绩评价基准的波动性。反之亦然。举个简单的例子,如果 β 为1,则市场上涨10%,股票上涨10%;市场下滑10%,股票相应下滑10%。如果 β 为1.1,市场上涨10%时,股票上涨11%;市场下滑10%时,股票下滑11%。如果 β 为0.9,市场上涨10%时,股票上涨9%;市场下滑10%时,股票下滑9%。此处选择贝塔系数大于 $N(N=0.7)$ 作为筛选条件。其中,N 值可优化。

二、LOF 池排序

将资金做分散化处理,这里我们简单地将资金分成两份。其中一份资金对应的 LOF 池,按照 T1 日动量排名进行排序。另外一份资金对应的 LOF 池,按照 T2 日动量排名进行排序。其中,T2 在本策略中取值20,可继续优化。

三、入场出场条件

买入条件为,当 T1 日动量排名第一的 LOF 的收盘价站上 T3 日线后,第一份资金入场。当 T2 日动量排名第一的 LOF 的收盘价站上 T3 日线后,第二份资金入场。其中,T3 取值4,可继续优化。

卖出条件为,当持仓基金收盘价低于 T3 日线,或持仓基金盘中价格低于 T3 日线以下 1% 时进行止损。

第四节　策略思维导图

基于 LOF 基金轮动策略思维导图如图 7.3 所示。

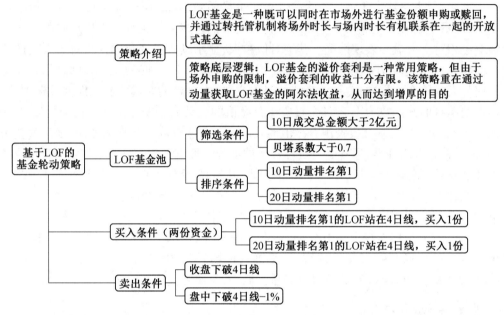

图 7.3　基于 LOF 基金轮动策略思维导图

第五节　代码实现

```python
import QUANTAXIS as QA
import pandas as pd
import datetime
from QIFIAccount import QIFI_Account, ORDER_DIRECTION
import time
import numpy as np
import QUANTAXIS as QA


def ts_sum(df, window):
    return df.rolling(window).sum()


def sma(df, window):
    if not isinstance(df, pd.DataFrame): df = pd.DataFrame(df)
    return df.rolling(window).mean()
```

```python
def index_day(code,sdate='2021-03-01',date=''):
    if date=='':
        date = time.strftime("%Y-%m-%d")
    data=QA.QA_fetch_index_day(code,sdate,date)
    return data

def div(a,b):
    return b/a-1

def find_target(code,start_date='2015-01-01',end_date='2021-04-27'):
    '''
    计算因子
    因子说明:
        base:基础值,贝塔系数大于0.7,成交额大于2亿,站上4日均线
        dl_10:10日动量
        dl_20:20日动量
    动量:上涨幅度*成交量增长幅度
    '''

    trade_day=[i for i in QA.trade_date_sse if i>=start_date and i<end_date]
    beta_base=index_day('000001',start_date,end_date).T

    base=pd.DataFrame(index=trade_day)
    dl_10=pd.DataFrame(index=trade_day)
    dl_20=pd.DataFrame(index=trade_day)

    for i in code:
        tar_date=np.zeros(len(trade_day))
        tar_dl_10=np.zeros(len(trade_day))
        tar_dl_20=np.zeros(len(trade_day))
        try:#去掉数据库没有和过短的品种
            beta_tar=index_day(i,start_date,end_date).T
            if beta_tar.size<100:raise Exception
        except Exception:
            code.remove(i)
            continue
        vol_10=ts_sum(pd.DataFrame(beta_tar[4]),10).to_numpy()
        vol_20=ts_sum(pd.DataFrame(beta_tar[4]),20).to_numpy()
```

```
            div_vol_20 = div(vol_20[:-1], vol_20[1:])

            beta = div(div(beta_base[1][len(beta_base[0])-len(beta_tar[0]):-1],
beta_base[1][len(beta_base[0])-len(beta_tar[0])+1:])\
                   ,div(beta_tar[1][:-1],beta_tar[1][1:]))[-div_vol_20.size:]+1

            amount_10 = ts_sum(pd.DataFrame(beta_tar[5]),10)[-div_vol_20.size:]

            ma_4 = sma(beta_tar[1],4)[-div_vol_20.size:]

            ma_10 = sma(beta_tar[1],10)
            ma_10 = div(np.array(ma_10[:-1]),np.array(ma_10[1:]))[-div_vol_
20.size:]

            ma_20 = sma(beta_tar[1],20)
            ma_20 = div(np.array(ma_20[:-1]),np.array(ma_20[1:]))[-div_vol_
20.size:]

            div_vol_10 = div(vol_10[:-1],vol_10[1:])[-div_vol_20.size:]
            a = np.where(((np.array(beta)>0.7)&(np.array(amount_10)>200000000)
&(np.array(ma_4)<beta_tar[1][-div_vol_20.size:])))[0]
            tar_date[-div_vol_20.size:][a]+=1

            base[i] = tar_date

            tar_dl_10[-div_vol_20.size:]+=np.nan_to_num(ma_10.flatten()*div_vol
_10.flatten())

            dl_10[i] = tar_dl_10
            tar_dl_20[-div_vol_20.size:]+=np.nan_to_num(ma_20.flatten()*div_vol
_20.flatten())

            dl_20[i] = tar_dl_20
    return code,base,dl_10,dl_20


def change_pos(acc,code,change,vol):
    '''
```

进行下单操作
参数说明:
            acc:账户类
            code:品种代码
            change:指令列表
            vol:调仓权重,0 为清仓
    '''
    balance = acc. balance
    pos = acc. get_position(str(code))
    pos_market_value = pos. volume_long * pos. last_price#持仓市值
    end_ratio = 0

    if vol>0 and vol<1:
        cap = balance * vol
        if cap>acc. available:cap = acc. available
        end_ratio = int(cap/pos. last_price//100 * 100)+pos. volume_long#调仓目标
        change. append({'code': code, 'price': pos. last_price, '原持仓数量': pos. volume_long, '原持仓市值': pos_market_value, '调仓目标': end_ratio, '调仓数量': end_ratio-pos. volume_long})
    elif pos. volume_long! = 0 and vol = = 0:
        change. append({'code': code, 'price': pos. last_price, '原持仓数量': pos. volume_long, '原持仓市值': pos_market_value, '调仓目标': end_ratio, '调仓数量': end_ratio-pos. volume_long})
    elif vol< = -1 or vol> = 1:
        end_ratio = pos. volume_long+vol
        change. append({'code': code, 'price': pos. last_price, '原持仓数量': pos. volume_long, '原持仓市值': pos_market_value, '调仓目标': end_ratio, '调仓数量': end_ratio-pos. volume_long})

    if end_ratio-pos. volume_long>0:
        print('{}:调仓买入{}股'. format(code, end_ratio-pos. volume_long))
    elif end_ratio-pos. volume_long<0:
        print('{}:调仓卖出{}股'. format(code, abs(end_ratio-pos. volume_long)))
    return change

def change_vol_positions(acc, code, base, dl_10, dl_20, pos_list):
    '''
进行因子条件筛选

参数说明：
  acc:账户类
  code:品种代码
  base:因子1
  dl_10:因子2
  dl_20:因子3
  pos_list:持仓列表
'''
tar = []
change = []
f_10 = dl_10[np.where((base == 1))[0]].sort_values(ascending = False).index[0]
f_20 = dl_20[np.where((base == 1))[0]].sort_values(ascending = False).index[0]
while len(pos_list.columns) >= 15:
  close_pos = pos_list.T.iloc[0]
  change = change_pos(acc, close_pos.code, change, -close_pos.vol)
  pos_list = pos_list.drop(columns = pos_list.columns[0])
  print(len(pos_list.columns))
if dl_10[f_10] != 0:
  tar.append(f_10)
if dl_20[f_20] != 0:
  tar.append(f_20)
for i in tar:
  change = change_pos(acc, i, change, 0.05)
print(change)
return change, pos_list

pos_list = pd.DataFrame(index = ['code', 'vol'])
start = '2020-05-01' #开始日期
end = '2021-04-26' #结束日期
tradetime = 0
code = QA.QA_fetch_etf_list()['code'].to_list()
code, base, dl_10, dl_20 = find_target(code, start_date = start, end_date = end)

trade_day = [i for i in QA.trade_date_sse if i >= start and i <= end]
data = QA.QA_fetch_index_day_adv(code = code, start = start, end = end)

```
acc = QIFI_Account('testu1','testu1',model = 'BACKTEST',trade_host = '127.0.0.1',
nodatabase = False)
    acc.initial()
    for c in code:
        acc.get_position(c)
    for day in trade_day:
        print(day)
        hq_data = data.data.loc[(day,slice(None)),:]
        for i in range(len(hq_data)):
            bar = hq_data.iloc[i]
            price = bar.close
            acc.on_price_change(code = bar.name[1], price = bar.close, datetime = str
(bar.name[0])[:10]+' '+'15:00:00')
        try:#防止无数据报错
            change,pos_list = change_vol_positions(acc,code,base.loc[day],dl_10.loc
[day],dl_20.loc[day],pos_list)
        except Exception:
            print('暂停')
            continue
        if change == []:
            continue
        change_df = pd.DataFrame(change).sort_values(by = '调仓数量',ascending =
False)
        print('账户市值:',acc.balance)
        print('账户可用资金:',acc.available)
        for i in range(len(change_df)):
            ord = change_df.iloc[i]
            if ord['调仓数量']>0:
                od = acc.send_order(
                    code = ord['code'],
                    amount = ord['调仓数量'],
                    price = ord['price'],
                    towards = ORDER_DIRECTION.BUY_OPEN)
                pos_list[tradetime] = [ord['code'],ord['调仓数量']]
                tradetime+ = 1
                acc.make_deal(od)
            elif ord['调仓数量']<0:
                od = acc.send_order(
```

```
                code = ord['code'],
                amount = abs(ord['调仓数量']),
                price = ord['price'],
                towards = ORDER_DIRECTION.SELL_CLOSE)
            acc.make_deal(od)
    acc.settle()
```

第六节　回测结果

基于 LOF 基金轮动策略回测结果如图 7.4 所示。

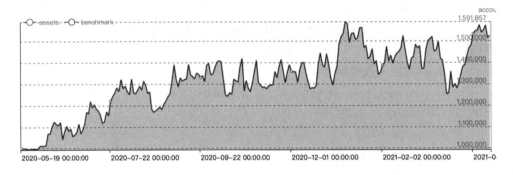

图 7.4　基于 LOF 基金轮动策略回测结果

本章小结

对于大部分散户来讲,在股票上做策略的难度要大于选基金,所以这几年基于基金的轮动策略比较盛行。本章以股市上可交易的 LOF 基金为例,以动量因子为出发点,构建了一个轮动策略,从效果上看,可以剥离出阿尔法收益,是一个可用于实战的交易策略。

思考题:为什么选择 LOF 基金,而不是所有的基金进行轮动?

第八章　量化投资策略的机器学习方法
——高送转预测

在二级市场的量化策略中,多因子策略称得上是最早被创造但同时也是变化最多的投资策略之一,好的因子意味着长期稳定的收入。多因子策略理解起来并不复杂,实现起来却可以通过多种不同的渠道,从而带来不同的表现,本章基于经济学家在 2005 和 2012 发表的两篇论文,探究市值因子在我国二级市场中的表现。

与传统多元线性回归不同,本书采用了支持向量回归(SVM)和逻辑回归两种机器学习算法得到因子,实证表明,SVM 算法下得到的因子带来的收益率显著优于传统多元线性回归,而逻辑回归算法下得到的因子带来的收益率虽略低于多元线性回归,但在经历回撤时拥有更加稳定的表现。

影响上市公司实施高送转的因素有很多,包括市场环境、财务状态、股票价格和监管层政策等。不少学者发现,高积累、高股价和股本小是上市公司实施高送转的先决条件,次新股、股本扩张与业绩一致增长的股票高送转的意愿比较强。这里,我们将影响高送转的因子分为以下几类(图 8.1)。

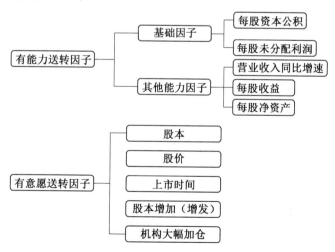

图 8.1　影响高送转的因子分类

虽然每年中报发布时,也有一些股票发布高送转方案,但是总体来说,中报高送转的数量要远远小于年报高送转的股票。因此,这里我们只研究年报高送转的数据。

第一节 数据集

一、因变量

高送转(0—1变量),在这里,我们将送股比例+转股比例大于1的股票定义为高送转股票,即每10股送红股与转增股的加总大于10股,实施高送转的股票,该变量为1,否则为0。

二、自变量

初步选取每股资本公积+留存收益,每股总资产、总股本、每股盈余、营业收入同比增速,前20个交易日平均价,上市天数作为自变量,其中,每股资本公积+留存收益、每股总资产、总股本、每股盈余、营业收入同比增速的数据来源为每年的三季报,前20个交易日平均价,上市天数以每年11月1日为基准进行计算。

这里简单解释一下为什么不用定增指标,因为定增的股票基本不会是次新股,而在次新指标将结果往1拉的时候,这里的定增为0又会把结果往反方向拉回,特别是在本次使用数据集中送转与不送转、定增与不定增、次新与否的样本量高度不平衡的情况下,影响较大。当然我们也做了相应的检测,发现在加入了定增指标后预测效果确实不如之前。不过,定增与否的指标可以在选出可能送转股票后进一步筛选时使用。

三、特征值

1. 基于决策树的特征选择

各个变量对应的因变量的重要性关系如图8.2所示。

```
                    importance
per_zbgj_wflr       0.152848
per_TotalOwnerEquity 0.147104
capitalization      0.132174
eps                 0.132444
revenue_growth      0.133320
mean_price          0.133576
days_listed         0.168533
```

图8.2 各个变量对应的因变量的重要性

可以看到,各个变量对因变量的重要性都相差不大,但是从相关性上来看,每股资本公积+未分配利润与每股净资产相关性非常高,这也很容易理解,因为净资产=股东权益=股本+资本公积+盈余公积+未分配利润。因此,这里我们将每股净资产这个变量删除,再做基于递归特征消除的特征判断。

各个变量相关系数表见表8.1。

表8.1 各个变量相关系数表

	per_zbgi_wflr	per_Total OwnerEquity	capitalization	eps	revenue_growth	mean_price	days_listed
per_zbgi_wflr	1.000000	0.988297	−0.032620	0.462543	0.011974	0.319627	−0.184551
per_TotalOwnerEquity	0.988297	1.000000	−0.009400	0.478124	−0.000433	0.323599	−0.132749
capitalization	−0.032620	−0.009400	1.000000	0.028189	−0.018424	−0.056660	0.005137
eps	0.462543	0.478124	0.028189	1.000000	0.075522	0.282604	−0.018372
revenue_ growth	0.011974	−0.000433	−0.018424	0.075522	1.000000	0.038924	−0.051725
mean_price	0.319627	0.323599	−0.056660	0.282604	0.038924	1.0000000	−0.055522
days_ listed	−0.184551	−0.132749	0.005137	−0.018372	−0.051725	−0.055522	1.000000

2. 基于递归式特征消除(Recursive Feature Elimination, RFE)的特征选择

模型的交叉检验准确率与特征数量的关系如图8.3所示。

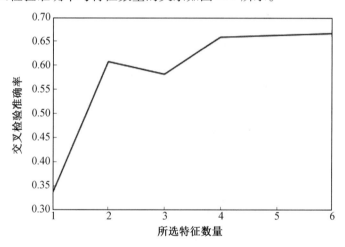

图8.3 模型的交叉检验准确率与特征数量的关系

RFE可以衡量随着特征数目的增加,模型整体分类准确率的变化,以此来确定最优的特征数目。直到自变量数增加到6,模型的交叉检验准确率一直在上升,因此,我们保留剩下的6个因变量,作为我们预测高送转的使用变量。

第二节 基于逻辑回归的预测

训练集:
假设当前时间为t年,则以t-1与t-2两年的数据作为训练集。
测试集:
以t年数据作为测试集。

例如：以 2013 年、2014 年的股票指标以及是否高送转训练模型，将得到的参数用于 2015 年的测试集，得出 2015 年测试集送转概率。

评估方法：

以训练集数据拟合模型得到参数后带入测试集数据，将测试集数据按股票送转的概率排序，分别取概率最大的前 10、25、50、100、200 只股票，计算这些股票中真实发生高送转的概率。

逻辑回归模型准确率测试结果如图 8.4 所示。

	10	25	50	100	200
accuracy_scale	0.3	0.20	0.24	0.22	0.260
accuracy_minmax	0.3	0.20	0.24	0.22	0.260
accuracy_no	0.1	0.16	0.32	0.32	0.275

2013年模型准确性

	10	25	50	100	200
accuracy_scale	0.6	0.60	0.58	0.55	0.465
accuracy_minmax	0.6	0.60	0.58	0.55	0.465
accuracy_no	0.7	0.48	0.46	0.47	0.375

2014年模型准确性

	10	25	50	100	200
accuracy_scale	0.9	0.68	0.64	0.65	0.595
accuracy_minmax	0.9	0.68	0.64	0.65	0.595
accuracy_no	0.9	0.64	0.66	0.53	0.445

2015年模型准确性

	10	25	50	100	200
accuracy_scale	0.8	0.84	0.84	0.62	0.460
accuracy_minmax	0.8	0.84	0.84	0.62	0.460
accuracy_no	0.4	0.20	0.20	0.28	0.245

2016年模型准确性

图 8.4　逻辑回归模型准确率测试结果

图 8.4 中，scale，minmax 表示两种不同的标准化方法，scale 为均值方差标准化，minmax 为 0—1 标准化（即将数据的规模压缩到 0—1 之间），no 表示不做标准化。

accuracy_scale 表示在均值方差标准化方法下，模型的预测准确率，accuracy_minmax 表示在 0—1 标准化方法下模型的预测准确率。横坐标表示所选的送转概率最大的前 10 只、前 25 只、前 50 只等等。以第四个图为例，第一排第一列表示在预测送转概率最大的前 10 只股票中，有 8(=0.8×10)只确实进行了高送转。

在逻辑回归中，模型的准确性对于两个不同的标准化方法表现稳健，但标准化下的效果要好于不标准化。从准确度上来看，2013 年预测准确性较差，之后预测准确度逐渐变高，特别是 2016 年，模型的前 25 只、前 50 只预测准确度都高达 84%。

第三节　基于 SVM 的预测

基于 SVM 模型的预测结果波动性较大，而且易受标准化方法的影响，2013、2014 年 scale 标准化效果更优，而在 2015、2016 年 minmax 标准化效果却好于前者。与逻辑回归模型相比，SVM 模型在 2013、2014 年效果优于逻辑回归，但在 2015 年，scale 标准化下弱于逻辑回归，minmax 标准化下优于逻辑回归，2016 年各种标准化方法下都相比较差。但是明显看出，模型在 2013 年的预测准确度要大幅低于后面几年，此结果同逻辑回归模型一致。

SVM 模型时而更优时而更差，要在这两个模型中选择其一的话不好抉择，因此不如将两个模型联合起来，整合预测。

SVM 模型准确率测试结果如图 8.5 所示。

	10	25	50	100	200
accuracy_scale	0.6	0.36	0.30	0.30	0.265
accuracy_minmax	0.3	0.20	0.14	0.22	0.230
accuracy_no	0.1	0.00	0.12	0.07	0.055

2013年模型准确性

	10	25	50	100	200
accuracy_scale	0.7	0.64	0.66	0.51	0.475
accuracy_minmax	0.8	0.56	0.56	0.52	0.470
accuracy_no	0.2	0.12	0.08	0.11	0.065

2014年模型准确性

	10	25	50	100	200
accuracy_scale	0.5	0.68	0.62	0.56	0.545
accuracy_minmax	0.8	0.80	0.66	0.59	0.540
accuracy_no	0.2	0.12	0.14	0.12	0.130

2015年模型准确性

	10	25	50	100	200
accuracy_scale	0.7	0.60	0.66	0.54	0.410
accuracy_minmax	0.7	0.76	0.74	0.55	0.395
accuracy_no	0.1	0.08	0.08	0.05	0.040

2016年模型准确性

图 8.5 SVM 模型准确率测试结果

第四节 基于逻辑回归 &SVM 的预测

一、打分逻辑

（1）分别以逻辑回归与 SVM 进行高送转概率预测，按概率从大到小进行排序，基于排序给予相应分数，第一为1分，第二为2分。

（2）将两个模型得分相加，按得分从小到大排序。

逻辑回归模型与 SVM 模型结合后准确率测试结果如图 8.6 所示。

	10	25	50	100	200
accuracy_scale	0.4	0.36	0.32	0.28	0.275
accuracy_minmax	0.4	0.24	0.18	0.23	0.250
accuracy_no	0.1	0.08	0.24	0.32	0.270

2013年模型准确性

	10	25	50	100	200
accuracy_scale	0.8	0.72	0.58	0.53	0.485
accuracy_minmax	0.7	0.72	0.58	0.55	0.500
accuracy_no	0.5	0.52	0.46	0.46	0.380

2014年模型准确性

	10	25	50	100	200
accuracy_scale	0.8	0.84	0.72	0.64	0.560
accuracy_minmax	0.7	0.80	0.68	0.62	0.585
accuracy_no	0.9	0.60	0.64	0.53	0.450

2015年模型准确性

	10	25	50	100	200
accuracy_scale	0.9	0.88	0.8	0.63	0.45
accuracy_minmax	0.9	0.96	0.8	0.63	0.40
accuracy_no	0.4	0.20	0.2	0.27	0.24

2016年模型准确性

图 8.6 逻辑回归模型与 SVM 模型结合后准确率测试结果

将两个模型整合之后，预测准确性更加稳定，相对于 SVM 模型，受标准化方法的影响也更小。在对 2017 年的预测中，我们使用联合的模型，使用 scale 标准化方法。

二、预测结果

模型预测输出结果见表8.2。

表8.2 模型预测输出结果

stock	score_logit	score_SVM	score	rank	stock	score_logit	score_SVM	score	rank
002627.XSHE	3	13	16	1	002788.XSHE	66	66	132	26
002872.XSHE	16	9	25	2	603979.XSHG	122	11	133	27
300184.XSHE	21	12	33	3	603033.XSHG	102	32	134	28
002682.XSHE	20	14	34	4	300485.XSHE	81	58	139	29
603385.XSHG	26	18	44	5	603556.XSHG	76	63	139	30
002772.XSHE	58	5	63	6	603558.XSHG	92	47	139	31
603878.XSHG	38	27	65	7	002541.XSHE	11	134	145	32
603599.XSHG	50	24	74	8	300391.XSHE	56	90	146	33
300537.XSHE	61	15	76	9	300407.XSHE	45	102	147	34
002164.XSHE	67	16	83	10	603535.XSHG	128	22	150	35
300510.XSHE	51	41	92	11	603367.XSHG	130	21	151	36
002564.XSHE	60	37	97	12	300338.XSHE	77	78	155	37
603839.XSHG	54	44	98	13	002377.XSHE	5	151	156	38
603928.XSHG	80	19	99	14	002574.XSHE	131	29	160	39
603926.XSHG	75	25	100	15	300178.XSHE	113	51	164	40
603116.XSHG	41	62	103	16	002791.XSHE	71	95	166	41
603167.XSHG	64	45	109	17	002746.XSHE	52	115	167	42
603086.XSHG	31	82	113	18	603226.XSHG	135	36	171	43
601900.XSHG	110	7	117	19	002740.XSHE	101	71	172	44
603768.XSHG	86	35	121	20	603117.XSHG	120	55.5	175.5	45
603035.XSHG	89	33	122	21	603630.XSHG	117	61	178	46
300349.XSHE	24	99	123	22	603017.XSHG	104	80	184	47
300569.XSHE	79	46	125	23	300587.XSHE	136	49	185	48
603980.XSHG	112	17	129	24	002734.XSHE	47	141	188	49
603586.XSHG	84	48	132	25	603225.XSHG	55	136	191	50

通过上述模型,我们可以得出以下结论。

(1)比较了两种模型预测高送转的优劣。

(2)整合两个模型为更稳定模型。

(3)较为有效地预测第二年年报高送转股票。

本章提供了一种预测高送转股票的思路,对于进行高送转题材投资有一定参考作用,我们也将继续研究对于预测所得高送转大概率股票的策略研究,后续将继续更新。

第五节 代码实现

```python
import pandas as pd
import numpy as np
import matplotlib.pyplot as plt
import datetime


import matplotlib.pyplot as plt
from sklearn.svm import SVC
fromsklearn.model_selection import StratifiedKFold
from sklearn.feature_selection import RFECV
from sklearn.linear_model import LogisticRegression
from sklearn import preprocessing


#####获取年报高送转data
div_data = pd.read_csv(r'Div_data.csv',index_col=0)
##只留年报数据
div_data['type'] = div_data['endDate'].map(lambda x:x[-5:])
div_data['year'] = div_data['endDate'].map(lambda x:x[0:4])
div_data_year = div_data[div_data['type']=='12-31']
div_data_year = div_data_year[['secID','year','publishDate','recordDate','perShareDivRatio',
        'perShareTransRatio']]
div_data_year.columns = ['stock','year','pub_date','execu_date','sg_ratio','zg_ratio']
div_data_year.fillna(0,inplace=True)
div_data_year['sz_ratio'] = div_data_year['sg_ratio']+div_data_year['zg_ratio']
div_data_year['gsz'] = 0
div_data_year.ix[div_data_year['sz_ratio']>=1,'gsz'] = 1


####获取q1q2q3已经高送转data
q123_already_szdata = pd.read_csv(r'q1q2q3_already_sz_stock.csv',index_col=0)


###获取因变量因子
```

"""

每股资本公积、每股未分配利润、每股净资产、每股收益
营业收入同比增速、股本数量、股票价格、是否为次新股、上市日天数

"""
###将一些指标转变为每股数值
```
def get_perstock_indicator(need_indicator, old_name, new_name, sdate):
    target = get_fundamentals(query(valuation.code, valuation.capitalization, need_indicator), statDate = sdate)
    target[new_name] = target[old_name]/target['capitalization']/10000
    return target[['code', new_name]]
```

###获取每股收益、股本数量
```
def get_other_indicator(sdate):
    target = get_fundamentals(query(valuation.code, valuation.capitalization, \
                                    indicator.inc_revenue_year_on_year, \
                                    indicator.eps
                                    ), statDate = sdate)
    target.rename(columns = {'inc_revenue_year_on_year':'revenue_growth'}, inplace = True)
    target['capitalization'] = target['capitalization'] * 10000
    return target[['code', 'capitalization', 'eps', 'revenue_growth']]
```

###获取一个月收盘价平均值
```
def get_bmonth_aprice(code_list, startdate, enddate):
    mid_data = get_price(code_list, start_date = startdate, end_date = enddate, \
                         frequency = 'daily', fields = 'close', skip_paused = False, fq = 'pre')
    mean_price = pd.DataFrame(mid_data['close'].mean(aixs = 0), columns = ['mean_price'])
    mean_price['code'] = mean_price.index
    mean_price.reset_index(drop = True, inplace = True)
```

```
            return mean_price[['code','mean_price']]

###判断是否为次新股(判断标准为位于上市一年之内)
    def judge_cxstock(date):
        mid_data = get_all_securities(types=['stock'])
        mid_data['start_date'] = mid_data['start_date'].map(lambda x:x.strftime("%Y-%m-%d"))
        shift_date = str(int(date[0:4])-1)+date[4:]
        mid_data['1year_shift_date'] = shift_date
        mid_data['cx_stock'] = 0
        mid_data.ix[mid_data['1year_shift_date']<=mid_data['start_date'],'cx_stock'] = 1
        mid_data['code'] = mid_data.index
        mid_data.reset_index(drop=True,inplace=True)

        return mid_data[['code','cx_stock']]

###判断是否增发了股票(相比于一年前)
    def judge_dz(sdate1,sdate2):
        target1 = get_fundamentals(query(valuation.code,valuation.capitalization,balance.capital_reserve_fund),statDate=sdate1)
            target1['CRF_1'] = target1['capital_reserve_fund']/target1['capitalization']/10000
        target2 = get_fundamentals(query(valuation.code,valuation.capitalization,balance.capital_reserve_fund),statDate=sdate2)
            target2['CRF_2'] = target2['capital_reserve_fund']/target2['capitalization']/10000

        target = target1[['code','CRF_1']].merge(target2[['code','CRF_2']],on=['code'],how='outer')
        target['CRF_change'] = target['CRF_1'] - target['CRF_2']
        target['dz'] = 0
        target.ix[target['CRF_change']>1,'dz'] = 1
        target.fillna(0,inplace=True)

        return target[['code','dz']]
```

判断上市了多少个自然日
```
def get_dayslisted(year,month,day):

    mid_data = get_all_securities(types=['stock'])
    date = datetime.date(year,month,day)
    mid_data['days_listed'] = mid_data['start_date'].map(lambda x:(date-x).days)
    mid_data['code'] = mid_data.index
    mid_data.reset_index(drop=True,inplace=True)

    return mid_data[['code','days_listed']]



def get_yearly_totaldata(statDate,statDate_before,mp_startdate,mp_enddate,year,month,day):

    """
    输入:所需财务报表期、20日平均股价开始日期、20日平均股价结束日期
    输出:合并好的高送转数据以及财务指标数据
    """
    per_zbgj = get_perstock_indicator(balance.capital_reserve_fund,'capital_reserve_fund','per_CapitalReserveFund',statDate)
    per_wflr = get_perstock_indicator(balance.retained_profit,'retained_profit','per_RetainProfit',statDate)
    per_jzc = get_perstock_indicator(balance.equities_parent_company_owners,'equities_parent_company_owners','per_TotalOwnerEquity',statDate)

    other_indicator = get_other_indicator(statDate)
    code_list = other_indicator['code'].tolist()
    mean_price = get_bmonth_aprice(code_list,mp_startdate,mp_enddate)
    cx_signal = judge_cxstock(mp_enddate)
    dz_signal = judge_dz(statDate,statDate_before)
    days_listed = get_dayslisted(year,month,day)

    chart_list = [per_zbgj,per_wflr,per_jzc,other_indicator,mean_price,cx_signal,dz_signal,days_listed]
    for chart in chart_list:
```

```
        chart.set_index('code', inplace = True)

    independ_vari = pd.concat([per_zbgj, per_wflr, per_jzc, other_indicator, mean_price, cx_signal, dz_signal, days_listed], axis = 1)
    independ_vari['year'] = str(int(statDate[0:4]))
    independ_vari['stock'] = independ_vari.index
    independ_vari.reset_index(drop = True, inplace = True)

    total_data = pd.merge(div_data_year, independ_vari, on = ['stock','year'], how = 'inner')
    total_data['per_zbgj_wflr'] = total_data['per_CapitalReserveFund']+total_data['per_RetainProfit']




    return total_data

gsz_2016 = get_yearly_totaldata('2016q3','2015q3','2016-10-01','2016-11-01', 2016,11,1)
gsz_2015 = get_yearly_totaldata('2015q3','2014q3','2015-10-01','2015-11-01', 2015,11,1)
gsz_2014 = get_yearly_totaldata('2014q3','2013q3','2014-10-01','2014-11-01', 2014,11,1)
gsz_2013 = get_yearly_totaldata('2013q3','2012q3','2013-10-01','2013-11-01', 2013,11,1)
gsz_2012 = get_yearly_totaldata('2012q3','2011q3','2012-10-01','2012-11-01', 2012,11,1)
gsz_2011 = get_yearly_totaldata('2011q3','2010q3','2011-10-01','2011-11-01', 2011,11,1)

###不希望过大的营业收入增长影响结果,实际上营收增长2000%和增长300%对是否送转结果影响差别不大
for data in [gsz_2011,gsz_2012,gsz_2013,gsz_2014,gsz_2015,gsz_2016]:
    data.ix[data['revenue_growth']>300,'revenue_growth'] = 300

###基于树的判断
traindata = pd.concat([gsz_2011,gsz_2012,gsz_2013,gsz_2014,gsz_2015,gsz_2016], axis = 0)
traindata.dropna(inplace = True)
```

```python
x_traindata = traindata[['per_zbgj_wflr', \
        'per_TotalOwnerEquity', 'capitalization', 'eps', 'revenue_growth', \
        'mean_price', 'days_listed']]

y_traindata = traindata[['gsz']]
X_trainScale = preprocessing.scale(x_traindata)

from sklearn.ensemble import ExtraTreesClassifier

model = ExtraTreesClassifier()
model.fit(X_trainScale, y_traindata)
print(pd.DataFrame(model.feature_importances_.tolist(), index = ['per_zbgj_wflr', \
        'per_TotalOwnerEquity', 'capitalization', 'eps', 'revenue_growth', \
        'mean_price', 'days_listed'], columns = ['importance']))

#各变量相关性
x_traindata.corr()

def get_prediction(x_traindata, y_traindata, x_testdata, standard='scale'):
    if standard == 'scale':
        #均值方差标准化
        X_trainScale = preprocessing.scale(x_traindata)
        scaler = preprocessing.StandardScaler().fit(x_traindata)
        X_testScale = scaler.transform(x_testdata)
    elif standard == 'minmax':
        #min_max 标准化
        min_max_scaler = preprocessing.MinMaxScaler()
        X_trainScale = min_max_scaler.fit_transform(x_traindata)
        X_testScale = min_max_scaler.transform(x_testdata)
    elif standard == 'no':
        #不标准化
        X_trainScale = x_traindata
        X_testScale = x_testdata

###考虑到样本中高送转股票与非高送转股票样本的不平衡问题,这里选用调整
的class_weight
    model = LogisticRegression(class_weight='balanced', C=1e9)
```

```
        model.fit(X_trainScale, y_traindata)
        predict_y = model.predict_proba(X_testScale)

        return predict_y

    def assess_classification_result(traindata, testdata, variable_list, q123_sz_data, date1,
date2, function = get_prediction):

        traindata.dropna(inplace = True)
        testdata.dropna(inplace = True)

        x_traindata = traindata.loc[:, variable_list]
        y_traindata = traindata.loc[:, 'gsz']
        x_testdata = testdata.loc[:, variable_list]
        y_testdata = testdata.loc[:, 'gsz']

        total = testdata.loc[:, ['stock', 'gsz']]
        for method in ['scale', 'minmax', 'no']:
            predict_y = function(x_traindata, y_traindata, x_testdata, standard = method)
            total['predict_prob_'+method] = predict_y[:, 1]

        ###过滤今年前期已经送转过的股票
        q123_stock = q123_sz_data['stock'].tolist()
        total_filter = total.loc[total['stock'].isin(q123_stock) == False]

        ###过滤ST股票
        stock_list = total_filter['stock'].tolist()
        st_data = pd.DataFrame(get_extras('is_st', stock_list, start_date = date1, end_date = date2, df = True).iloc[-1, :])
        st_data.columns = ['st_signal']
        st_list = st_data[st_data['st_signal'] == True]
        total_filter = total_filter[total_filter['stock'].isin(st_list) == False]

        ###衡量不同选股个数、不同标准化方法下的预测准度
        result_dict = {}
        for stock_num in [10, 25, 50, 100, 200]:
            accuracy_list = []
            for column in total_filter.columns[2:]:
```

```
            total_filter.sort(column,inplace = True,ascending = False)
            dd = total_filter[:stock_num]
            accuracy = len(dd[dd['gsz']==1])/len(dd)
            accuracy_list.append(accuracy)
        result_dict[stock_num] = accuracy_list

    result = pd.DataFrame(result_dict,index = ['accuracy_scale','accuracy_minmax','accuracy_no'])

    return result,total_filter

### 2013 年预测结果
traindata = pd.concat([gsz_2011,gsz_2012],axis=0)
testdata = gsz_2013.copy()
variable_list = ['per_zbgj_wflr','capitalization', 'eps', 'revenue_growth',\
                    'mean_price', 'days_listed']
q123_sz_data =  q123_already_szdata[(q123_already_szdata['year']==2013)&(q123_already_szdata['gs']>0)]
result_2013,total_2013 =  assess_classification_result(traindata,testdata,variable_list,q123_sz_data,'2013-10-25','2013-11-01')
print(result_2013)

###2014 年预测结果
traindata = pd.concat([gsz_2012,gsz_2013],axis=0)
testdata = gsz_2014.copy()
variable_list = ['per_zbgj_wflr','capitalization', 'eps', 'revenue_growth',\
                    'mean_price', 'days_listed']
q123_sz_data =  q123_already_szdata[(q123_already_szdata['year']==2014)&(q123_already_szdata['gs']>0)]
result_2014,total_2014 =  assess_classification_result(traindata,testdata,variable_list,q123_sz_data,'2014-10-25','2014-11-01')
print(result_2014)

####2015 年预测结果
traindata = pd.concat([gsz_2013,gsz_2014],axis=0)
testdata = gsz_2015.copy()
variable_list = ['per_zbgj_wflr','capitalization', 'eps', 'revenue_growth',\
                    'mean_price', 'days_listed']
```

```
q123_sz_data = q123_already_szdata[(q123_already_szdata['year']==2015)&
(q123_already_szdata['gs']>0)]
    result_2015,total_2015 = assess_classification_result(traindata,testdata,variable_list,
q123_sz_data,'2015-10-25','2015-11-01')
    print(result_2015)

####2016年预测结果
    traindata = pd.concat([gsz_2014,gsz_2015],axis=0)
    testdata = gsz_2016.copy()
    variable_list = ['per_zbgj_wflr','capitalization','eps','revenue_growth',\
                     'mean_price','days_listed']
    q123_sz_data = q123_already_szdata[(q123_already_szdata['year']==2016)&
(q123_already_szdata['gs']>0)]
    result_2016,total_2016 = assess_classification_result(traindata,testdata,variable_list,
q123_sz_data,'2016-10-25','2017-11-01')
    print(result_2016)

#SVM分类
from sklearn.svm import SVC

def get_prediction_SVM(x_traindata,y_traindata,x_testdata,standard='scale'):
    if standard=='scale':
        #均值方差标准化
        standard_scaler = preprocessing.StandardScaler()
        X_trainScale = standard_scaler.fit_transform(x_traindata)
        X_testScale = standard_scaler.transform(x_testdata)
    elif standard=='minmax':
        #min_max标准化
        min_max_scaler = preprocessing.MinMaxScaler()
        X_trainScale = min_max_scaler.fit_transform(x_traindata)
        X_testScale = min_max_scaler.transform(x_testdata)
    elif standard=='no':
        #不标准化
        X_trainScale = x_traindata
        X_testScale = x_testdata
```

###考虑到样本中高送转股票与非高送转股票样本的不平衡问题,这里选用调整的class_weight

```
        clf = SVC(C=1.0, class_weight='balanced', gamma='auto', kernel='rbf',
probability=True)
        clf.fit(X_trainScale, y_traindata)
        predict_y = clf.predict_proba(X_testScale)
    return predict_y

### 2013 年预测结果
    traindata = pd.concat([gsz_2011, gsz_2012], axis=0)
    testdata = gsz_2013.copy()
    variable_list = ['per_zbgj_wflr','capitalization', 'eps', 'revenue_growth', \
                    'mean_price', 'days_listed']
    q123_sz_data = q123_already_szdata[(q123_already_szdata['year']==2013) & \
(q123_already_szdata['gs']>0)]
    result_2013, total_2013 = assess_classification_result(traindata, testdata, variable_list,
q123_sz_data,'2013-10-25', \
                                                '2013-11-01', function = get_prediction_SVM)
    print(result_2013)

###2014 年预测结果
    traindata = pd.concat([gsz_2012, gsz_2013], axis=0)
    testdata = gsz_2014.copy()
    variable_list = ['per_zbgj_wflr','capitalization', 'eps', 'revenue_growth', \
                    'mean_price', 'days_listed']
    q123_sz_data = q123_already_szdata[(q123_already_szdata['year']==2014) & \
(q123_already_szdata['gs']>0)]
    result_2014, total_2014 = assess_classification_result(traindata, testdata, variable_list,
q123_sz_data, \
                                                '2014-10-25','2014-11-01',
function = get_prediction_SVM)
    print(result_2014)

####2015 年预测结果
    traindata = pd.concat([gsz_2013, gsz_2014], axis=0)
    testdata = gsz_2015.copy()
    variable_list = ['per_zbgj_wflr','capitalization', 'eps', 'revenue_growth', \
                    'mean_price', 'days_listed']
    q123_sz_data = q123_already_szdata[(q123_already_szdata['year']==2015) & \
```

```
(q123_already_szdata['gs']>0)]
    result_2015,total_2015 = assess_classification_result(traindata,testdata,variable_list,q123_sz_data,\
                                                '2015-10-25','2015-11-01',
function = get_prediction_SVM)
    print(result_2015)

####2016 年预测结果
    traindata = pd.concat([gsz_2014,gsz_2015],axis=0)
    testdata = gsz_2016.copy()
    variable_list = ['per_zbgj_wflr','capitalization','eps','revenue_growth',\
                    'mean_price','days_listed']
    q123_sz_data = q123_already_szdata[(q123_already_szdata['year']==2016)&(q123_already_szdata['gs']>0)]
    result_2016,total_2016 = assess_classification_result(traindata,testdata,variable_list,q123_sz_data,\
                                                '2016-10-25','2017-11-01',
function = get_prediction_SVM)
    print(result_2016)

#逻辑回归与 SVM 联合选择
    defassess_unite_logit_SVM(traindata,testdata,variable_list,q123_sz_data,method_use,date1,date2):
        ###Logit 部分
        traindata.dropna(inplace = True)
        testdata.dropna(inplace = True)
        x_traindata = traindata[variable_list]
        y_traindata = traindata[['gsz']]
        x_testdata = testdata[variable_list]
        y_testdata = testdata[['gsz']]

        total_logit = testdata[['stock','gsz']].copy()
        for method in ['scale','minmax','no']:
            predict_y = get_prediction(x_traindata,y_traindata,x_testdata,standard=method)
            total_logit['predict_prob_'+method] = predict_y[:,1]
```

```
############SVM 部分
traindata.ix[traindata['gsz']==0,'gsz']=-1
testdata.ix[testdata['gsz']==0,'gsz']=-1
x_traindata = traindata[variable_list]
y_traindata = traindata[['gsz']]
x_testdata = testdata[variable_list]
y_testdata = testdata[['gsz']]

total_SVM = testdata[['stock','gsz']].copy()
for method in ['scale','minmax','no']:
    predict_y = get_prediction_SVM(x_traindata,y_traindata,x_testdata,standard=method)
    total_SVM['predict_prob_'+method] = predict_y[:,1]

###合并
columns = ['stock','gsz','predict_prob_scale','predict_prob_minmax','predict_prob_no']
total = total_logit[columns].merge(total_SVM[['stock','predict_prob_scale','predict_prob_minmax', \
                                               'predict_prob_no']], on=['stock'])
for method in ['scale','minmax','no']:
    total['score_logit'] = total['predict_prob_'+method+'_x'].rank(ascending=False)
    total['score_SVM'] = total['predict_prob_'+method+'_y'].rank(ascending=False)
    total['score_' + method] = total['score_logit']+total['score_SVM']

###过滤今年前期已经送转过的股票
q123_stock = q123_sz_data['stock'].tolist()
total_filter = total.loc[total['stock'].isin(q123_stock)==False]

###过滤 ST 股票
stock_list = total_filter['stock'].tolist()
st_data = pd.DataFrame(get_extras('is_st',stock_list, start_date=date1, end_date=date2, df=True).iloc[-1,:])
st_data.columns = ['st_signal']
st_list = st_data[st_data['st_signal']==True]
```

```python
        total_filter = total_filter[total_filter['stock'].isin(st_list)==False]

    result_dict = {}
    for stock_num in [10,25,50,100,200]:
        accuracy_list = []
        for column in ['score_scale','score_minmax','score_no']:
            total_filter.sort(column,inplace = True,ascending = True)
            dd = total_filter[:stock_num]
            accuracy = len(dd[dd['gsz']==1])/len(dd)
            accuracy_list.append(accuracy)
        result_dict[stock_num] = accuracy_list

    result = pd.DataFrame(result_dict,index = ['score_scale','score_minmax','score_no'])

    return result


###2013年
traindata = pd.concat([gsz_2011,gsz_2012],axis=0)
testdata = gsz_2013.copy()
variable_list = ['per_zbgj_wflr','capitalization', 'eps', 'revenue_growth',\
                 'mean_price', 'days_listed']
q123_sz_data = q123_already_szdata[(q123_already_szdata['year']==2013)&(q123_already_szdata['gs']>0)]
result_2013_unite = assess_unite_logit_SVM(traindata,testdata,variable_list,q123_sz_data,'minmax',\
                                           '2013-10-25','2013-11-01')
print(result_2013_unite)


###2014年预测结果
traindata =pd.concat([gsz_2012,gsz_2013],axis=0)
testdata = gsz_2014.copy()
variable_list = ['per_zbgj_wflr','capitalization', 'eps', 'revenue_growth',\
                 'mean_price', 'days_listed']
q123_sz_data = q123_already_szdata[(q123_already_szdata['year']==2014)&(q123_already_szdata['gs']>0)]
result_2014_unite = assess_unite_logit_SVM(traindata,testdata,variable_list,q123_sz_data,'minmax',\
```

```
            '2014-10-25','2014-11-01')
print(result_2014_unite)

####2015年预测结果
traindata = pd.concat([gsz_2013,gsz_2014],axis=0)
testdata = gsz_2015.copy()
variable_list = ['per_zbgj_wflr','capitalization','eps','revenue_growth',\
                 'mean_price','days_listed']
q123_sz_data =q123_already_szdata[(q123_already_szdata['year']==2015)&(q123_already_szdata['gs']>0)]
result_2015_unite =  assess_unite_logit_SVM(traindata,testdata,variable_list,q123_sz_data,'minmax',\
            '2015-10-25','2015-11-01')
print(result_2015_unite)

####2016年预测结果
traindata = pd.concat([gsz_2014,gsz_2015],axis=0)
testdata = gsz_2016.copy()
variable_list = ['per_zbgj_wflr','capitalization','eps','revenue_growth',\
                 'mean_price','days_listed']
q123_sz_data = q123_already_szdata[(q123_already_szdata['year']==2016)&(q123_already_szdata['gs']>0)]
result_2016_unite =assess_unite_logit_SVM(traindata,testdata,variable_list,q123_sz_data,'minmax',\
            '2016-10-25','2016-11-01')
print(result_2016_unite)

#2017年预测
###取出2017年数据
statDate = '2017q3'
mp_startdate = '2017-10-01'
mp_enddate = '2017-11-01'
year = 2017
month = 11
day = 1
per_zbgj = get_perstock_indicator(balance.capital_reserve_fund,'capital_reserve_fund','per_CapitalReserveFund',statDate)
per_wflr = get_perstock_indicator(balance.retained_profit,'retained_profit','per_Re-
```

tainedProfit',statDate)
        per_jzc = get_perstock_indicator(balance.total_owner_equities,'total_owner_equities','per_TotalOwnerEquity',statDate)
        other_indicator = get_other_indicator(statDate)
        code_list = other_indicator['code'].tolist()
        mean_price = get_bmonth_aprice(code_list,mp_startdate,mp_enddate)
        cx_signal = judge_cxstock(mp_enddate)
        days_listed = get_dayslisted(year,month,day)

        chart_list = [per_zbgj,per_wflr,per_jzc,other_indicator,mean_price,cx_signal,days_listed]
        for chart in chart_list:
            chart.set_index('code',inplace = True)

        independ_vari = pd.concat([per_zbgj,per_wflr,per_jzc,other_indicator,mean_price,cx_signal,days_listed],axis =1)
        independ_vari['year'] = str(int(statDate[0:4]))
        independ_vari['stock'] = independ_vari.index
        independ_vari.reset_index(drop=True,inplace =True)

        independ_vari['per_zbgj_wflr'] = independ_vari['per_CapitalReserveFund']+independ_vari['per_RetainedProfit']

        gsz_2017 = independ_vari
        gsz_2017.ix[gsz_2017['revenue_growth']>300,'revenue_growth'] = 300

        traindata = pd.concat([gsz_2015,gsz_2016],axis=0)
        testdata = gsz_2017
        q123_sz_data = q123_already_szdata[(q123_already_szdata['year']==2017)&(q123_already_szdata['gs']>0)]
        ###Logit 部分
        traindata.dropna(inplace = True)
        testdata.dropna(inplace = True)
        x_traindata = traindata[variable_list]
        y_traindata = traindata[['gsz']]
        x_testdata = testdata[variable_list]

```
total_logit = testdata[['stock']].copy()
method = 'scale'
predict_y = get_prediction(x_traindata, y_traindata, x_testdata, standard = method)
total_logit['predict_prob_'+method] = predict_y[:,1]


###########SVM 部分
traindata.ix[traindata['gsz']==0,'gsz']=-1
x_traindata = traindata[variable_list]
y_traindata = traindata[['gsz']]
x_testdata = testdata[variable_list]


total_SVM = testdata[['stock']].copy()
method = 'scale'
predict_y = get_prediction_SVM(x_traindata, y_traindata, x_testdata, standard = method)
total_SVM['predict_prob_'+method] = predict_y[:,1]

###合并
columns = ['stock','predict_prob_'+method]
total = total_logit[columns].merge(total_SVM[['stock','predict_prob_'+method]], on = ['stock'])

total['score_logit'] = total['predict_prob_'+method+'_x'].rank(ascending = False)
total['score_SVM'] = total['predict_prob_'+method+'_y'].rank(ascending = False)
total['score'] = total['score_logit']+total['score_SVM']

###过滤今年前期已经送转过的股票
q123_stock = q123_sz_data['stock'].tolist()
total_filter = total.loc[total['stock'].isin(q123_stock)==False]
###过滤ST股票
stock_list = total_filter['stock'].tolist()
st_data = pd.DataFrame(get_extras('is_st',stock_list, start_date = '2017-10-25', end_date = '2017-11-01', df=True).iloc[-1,:])
st_data.columns = ['st_signal']
st_list = st_data[st_data['st_signal']==True]
total_filter = total_filter[total_filter['stock'].isin(st_list)==False]
```

```
#预测前50只
total_filter.sort('score',inplace = True,ascending = True)
total_filter.reset_index(drop=True,inplace = True)
total_filter[:50]

#预测前100只
total_filter[:100]
```

本章小结

机器学习实际上是通过归纳法来找到适合的策略,这与我们之前介绍的策略类型不同,之前的策略可以叫演绎法,即从上至下寻找策略。机器学习目前还没有得到投资界大规模应用的原因在于,这种自下而上的归纳法,很多时候找到的策略无法清晰地进行解释。本章通过一个高送转预测的例子来说明,如何将机器学习应用在量化交易中。

思考题:如果说机器学习更像一个聚类器或神经网络学习方法,那么特征对于机器学习的作用是什么?

第九章 量化投资的仓位管理——凯利公式

第一节 凯利公式概述

凯利公式由 John Kelly 于 1956 年提出。凯利公式指出了在一个期望收益为正的重复性风投或重复性投资中,每一期应该投入的最优比例。很多数学天才将它在投资中发扬光大,取得了非凡的成就。这其中最著名的大概就是 Dr. Edward Thorp,他开辟了战胜 Blackjack(21 点)的策略,并使用凯利公式计算出来的比例进行投入(Thorp 1962);Thorp 博士将它在统计学和概率论上的天赋用在投资中,他创建的 PNP 对冲基金曾在近 30 年内取得了年化 20% 以上的收益率(Thorp 2017)。此外,学术界也对凯利公式的各种数学性质以及实践应用进行了大量的研究,这些成果汇总于 MacLean 等人编辑的论文集 MacLean et al. Eds (2010) 中。

凯利公式的计算非常简单,但它背后所传达的数学含义至关重要。凯利公式为

$$f = \frac{p_{\text{win}} \cdot b - p_{\text{loss}}}{b}$$

式中　p_{win}——胜率;

　　　$p_{\text{loss}} = 1 - p_{\text{win}}$;

　　　b——赢了的回报率(扣除本金后的收益/本金)。

　　　f——单次投入占总资金的比例。

式中,b 可以用 $p_{\text{win}} \cdot p_{\text{loss}}$ 代替。

就是这个精巧简洁的公式,将信息论与投资之间的本质联系揭露出来,告诉我们在有限了解的信息下,如何投入能使得资本增值的速度最大化。

第二节 凯利公式要解决的问题

假设风投 1:盈利的概率是 60%,亏损的概率是 40%。盈利时的净收益率是 100%,亏损时的亏损率也是 100%。即如果盈利,那么每投入 1 元可以盈利 1 元,如果亏损,则每投入 1 元将会亏损 1 元。风投可以进行无限次,每次的投入金额由自己决定。问题:假设初始资金是 100 元,那么怎样投入,即每次投入金额占本金的百分之多少,才能使得长期收益最大?

对于这个风投,每次投入的期望收益是投入金额的 60%×1–40%×1 = 20%,期望收益为正。也就是说这是一个投资方占优势的风投,而且优势非常大。

第九章 量化投资的仓位管理——凯利公式

那么应该怎样投入呢？

如果不进行严密的思考，我们会觉得既然每次投入的期望收益是20%，那么为了实现长期的最大收益，应该在每次投入中尽量放入更多比例的本金。这个比例的最大值是100%。

但是显然每一局投入都放入100%的本金是不合理的，因为一旦哪一次投入亏损，那么所有的本金就会全部亏损，再也不能参加下一次投资。而从长期来看，投入亏损一次这个事件必然发生，所以说长期来看必定破产。

所以这里就得出了一个结论：只要一个风投存在一下子把本金全部亏损光的可能，哪怕这个可能非常的小，那么就永远不能满仓。因为长期来看，小概率事件必然发生，而且在现实生活中，小概率事件发生的实际概率要远远大于它的理论概率。这就是金融学中的肥尾效应。

继续回到风投1。

既然每次投入100%是不合理的，那么99%怎么样。如果每次投入99%，不但可以保证永远不会破产，而且运气好的话也许能实现很大的收益。

实际情况是不是这个样子呢？

我们先不从理论上来分析这个问题，可以来做个实验。模拟这个风投，并且每次投入99%，看看结果会怎么样。

这个模拟实验非常的简单，用excel就能完成，如图9.1所示。

仓位	99%	
初始资金量	100	
参与次数	胜负	资金量
0	0	100
1	1	199
2	1	396.01
3	1	788.06
4	1	1568.24
5	-1	15.68
6	1	31.21
7	1	62.10
8	1	123.59
9	-1	1.24
10	1	2.46

图9.1 99%仓位模拟实验结果

图9.1中，第一列表示局数。第二列为胜负，excel会按照60%的概率产生1，即60%的概率净收益率为1，40%的概率产生-1，即40%的概率净收益为-1。第三列为每局结束时投资方所有的资金。这个实验每次投入仓位是99%，初始本金是100。

从图9.1中可以看出，在进行了10局之后，10局中盈利的局数为8，比60%的概率还要大，仅仅亏损了两次。即使是这样，最后的资金也只剩下了2.46元，基本上算是亏损光了。

当把实验次数加大，变成1 000次、2 000次、3 000次……的时候，结果可想而知了，到最后手中的资金基本上是趋向于0。

既然99%也不行，那么再拿其他几个比例来试试看，如图9.2所示。

仓位		99%	90%	80%	70%	60%
初始资金量	100	100	100	100	100	100
参与次数	胜负	资金量	资金量	资金量	资金量	资金量
0	0	100	100	100	100	100
1	-1	1	10	20	30	40
2	1	1.99	19	36	51	64
3	1	3.96	36.1	64.8	86.7	102.4
4	1	7.88	68.59	116.64	147.39	163.84
5	1	15.68	130.32	209.95	250.56	262.14
6	1	31.21	247.61	377.91	425.96	419.43
7	1	62.10	470.46	680.24	724.13	671.09
8	-1	0.62	47.05	133.05	217.24	268.44
9	1	1.24	89.39	244.89	369.30	429.50
10	1	2.46	169.81	440.80	627.82	687.19

图 9.2 不同仓位下的模拟实验结果

从图 9.2 中可以看出，当把仓位逐渐降低，从 99%，变成 90%，80%，70%，60% 的时候，同样 10 局的结果就完全不一样了。随着仓位的逐渐变小，在 10 局之后的资金是逐渐变大的。

我们会渐渐发现这个风投的问题并不是那么简单的。就算是投资方占优如此之大的风投，也不是随随便便都能盈利的。

那么到底怎么下注才能使得长期收益最大呢？

是否就像图 9.2 所显示的那样，比例越小越好呢？应该不是，因为当比例变成 0 的时候显然也不能赚钱。

那么这个最优的比例到底是多少呢？

这就是凯利公式所要解决的问题！

根据凯利公式，可以计算出在风投 1 中的最有利的损点比例是 20%。

我们可以进行以下实验，加深对这个结论的理解。

下面我们分别将仓位设定为 10%，15%，20%，30%，40%。他们对应的列数分别是 D、E、F、G、H。

当我们把实验次数变成 3 000 次的时候，如图 9.3 所示。

仓位		40%	30%	20%	15%	10%
初始资金量	100	100	100	100	100	100
参与次数	胜负	资金量	资金量	资金量	资金量	资金量
……						
2988	1	162	4.09E+23	5.61E+29	4.66E+27	2.10E+22
2989	1	227	5.32E+23	6.74E+29	5.35E+27	2.30E+22
2990	1	317	6.91E+23	8.08E+29	6.16E+27	2.54E+22
2991	1	445	8.99E+23	9.31E+30	7.08E+27	2.79E+22
2992	1	623	1.16E+24	1.16E+30	8.15E+27	3.06E+22
2993	-1	373	8.18E+23	9.31E+29	6.92E+27	2.76E+22
2994	-1	224	5.73E+23	7.45E+29	5.89E+27	2.48E+22
2995	1	314	7.44E+23	8.94E+29	6.77E+27	2.73E+22
2996	1	439	9.68E+24	1.07E+30	7.78E+27	3.00E+22
2997	1	615	1.25E+24	1.28E+30	8.99E+27	3.31E+22
2998	1	861	1.64E+24	1.54E+30	1.03E+28	3.63E+22
2999	1	1206	2.13E+24	1.85E+30	1.18E+28	4.00E+22
3000	1	1689	2.77E+24	2.20E+30	1.36E+28	4.40E+22

图 9.3 不同仓位条件下 3 000 次实验结果

当我们把实验次数变成 5 000 次的时候，如图 9.4 所示。

仓位 初始资金量 参与次数	胜负	40% 100 资金量	30% 100 资金量	20% 100 资金量	15% 100 资金量	10% 100 资金量
……						
4988	1	2189534	9.84E+40	1.70E+50	1.87E+46	7.37E+36
4989	1	3065348	1.28E+41	2.04E+50	2.15E+46	8.11E+36
4990	1	4291487	1.66E+41	2.45E+50	2.37E+46	8.92E+36
4991	1	6008082	2.16E+41	2.95E+50	2.84E+46	9.82E+36
4992	−1	3604849	1.51E+41	2.36E+50	2.42E+46	8.83E+36
4993	1	5046789	1.96E+41	2.82E+50	2.78E+46	9.72E+36
4994	−1	3028073	1.37E+41	2.26E+50	2.36E+46	8.75E+36
4995	1	4239302	1.79E+41	2.71E+50	2.72E+46	9.62E+36
4996	1	5935023	2.32E+41	3.26E+50	3.13E+46	1.05E+37
4997	1	8309033	3.02E+41	3.91E+50	3.60E+46	1.16E+37
4998	1	11632646	3.93E+41	4.69E+50	4.14E+46	1.28E+37
4999	1	16285704	5.11E+41	5.63E+50	4.76E+46	1.41E+37
5000	1	22799986	6.64E+41	E+50	5.47E+46	1.55E+36

图9.4 不同仓位条件下5 000次实验结果

从图9.3和图9.4中可以看到F列对应的结果最大,和其他列相比根本就不是一个数量级的,而F列对应的仓位比例正是20%。

在上面的实验中,如果投资方将比例选择为40%,也就是对应H列,那么在5 000局投入之后,本金虽然从100变成了22799985.75,收益巨大,但是和20%比例的结果相比,却赚得很少。这就是凯利公式的价值所在。

第三节 对凯利公式的理解

凯利公式的数学推导极其复杂,在这里我们将通过一些实验,加深大家对凯利公式主观上的理解。

我们再来看一个例子:亏损和盈利的概率分别是50%,例如抛硬币。盈利的时候净收益率为1,即$p_{win}=1$,亏损的时候净损失率为0.5,即$p_{loss}=0.5$。也就是说每投入1元,盈利的时候能再盈利1元,亏损的时候只要付出0.5元。

容易看出风投2的期望收益是0.25,又是一个资方存在极大优势的风投。根据凯利公式,我们可以得到每局最佳的投入比例为$f=0.5$。也就是说,每次把一半的钱拿去投入,长期来看可以得到最大的收益。

下面根据实验得出平均增长率r的概念。首先来看实验,如图9.5和图9.6所示。

仓位 初始资金量 参与次数	胜负	100% 100 资金量	50% 100 资金量
0	0	100	100
1	1	200	150
2	−0.5	100	112.5
3	−0.5	50	84.38
4	1	100	126.56

图9.5 模拟风投2实验结果(1)

图9.5和图9.6都是模拟风投2做的实验,在第二列的胜负列中,实验会有50%的概率产生1,表示盈利100%。50%的概率产生−0.5,表示亏损50%。第三列和第四列分别是在仓位为100%和50%下每次风投之后所拥有的资金。

仓位		100%	50%
初始资金量	100	100	100
参与次数	胜负	资金量	资金量
0	0	100	100
1	-0.5	50	75
2	1	100	112.5
3	1	200	168.75
4	-0.5	100	126.56

图 9.6　模拟风投 2 实验结果（2）

仔细对比图 9.5 和图 9.6 可以发现，在经过相同次的局数之后，最后的结果只与在这些局数中盈利的局数的数量和亏损的局数的数量有关，而与在这些局数中盈利的局和亏损的局的顺序无关。例如在图 9.5 和图 9.6 中，同样进行了 4 局，同样盈利了两局亏损了两局，但是图 9.5 中的亏损盈利顺序是盈利—亏损—亏损—盈利，图 9.6 中的亏损盈利顺序是亏损—盈利—盈利—亏损。它们最终的结果都是一样的。

既然最终的结果和亏损盈利的顺序无关，那么假设风投 2 以如图 9.7 所示的方式进行下去。

局数	胜负	100% 100	50% 仓位 100 初始资金
1	1	200	150
2	-0.5	100	112.5
3	1	200	168.75
4	-0.5	100	126.5625
5	1	200	189.8438
6	-0.5	100	142.3828
7	1	200	213.5742
8	-0.5	100	160.1807
9	1	200	240.271
10	-0.5	100	180.2032

图 9.7　模拟风投 2 实验结果（3）

我们假设风投的胜负是交替进行的，从长期来看这对结果资金没有任何影响。在自己观察图片之前我们先做一个定义。假设将某几局风投视为一个整体，这个整体中各种结果出现的频率正好等于其概率，并且这个整体的局数是所有满足条件整体当中局数最小的，那么我们称这个整体为一组风投。例如在图 9.7 的实验中，一组风投就代表着进行两局风投，其中盈利一次亏损一次。

仔细观察图 9.7 中灰色标记的数字，它们是一组风投的结尾。我们会发现这些数字是保持着稳定的增长的。当仓位是 100% 时，灰色标记数字的增长率是 0%，即一组风投之后本金的增长率为 0%。这也解释了当每次都满仓下注的时候，在风投 2 中长期来看是无法赚钱的。当仓位是 50%（即凯利公式得出的最佳比例）时，灰色标记数字的增长率是 12.5%，即一组风投之后本金的增长率为 12.5%。

这是一个普遍的规律，每组风投之后的增长率与仓位有关。且每组风投之后的增长率越大，那么长期来看最终的收益也就越多。

因此我们可以这样理解：

（1）回报率（扣除本金后的收益/本金）越大，最优下注比例应该越小。

（2）p_{win}/p_{loss}的比值越大,那么资金的增长速度也越快。

（3）对于期望收益为正的风投,即$p_{win}+p_{loss}>0$,当风险越大时,最优投入比例越小,资金的增长速度也越慢。

第四节 凯利公式在金融市场的应用

凯利的论文给出的策略,当总是遵循这一准则进行操作,就能预测接下来发生的事情,也能清楚地知道资金增长速度是在控制住风险情况下最优的结果。

凯利运用其财富公式,专门成立了 Hedge fund 的性能分析,在 20 年间获得 15 倍的收益(图 9.8)。

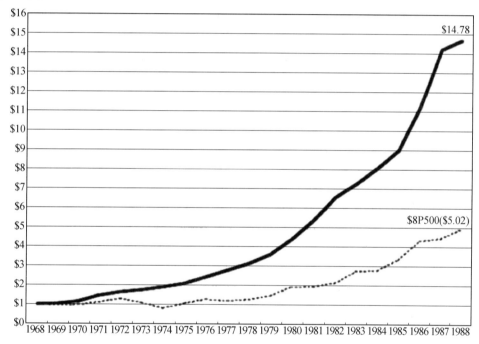

图 9.8 Hedge fund 基金 20 年收益曲线

(图片来源:《财富公式:玩转拉斯维加斯和华尔街的故事》)

那么,量化投资如何引入凯利公式呢?

引入损失率对凯利公式进行微调,得到更一般性的凯利公式

$$f = \frac{p_{win}}{c} - \frac{p_{loss}}{b}$$

式中 f——仓位比例;

p_{win}——概率股市上涨概率;

p_{loss}——亏损的概率股市下跌概率;

b——盈利率(资产从 1 增加到 $1+b$);

c——损失率(资产从 1 减少到 $1-c$)。

投入的时候,p_{win} 和 p_{loss} 根据游戏规则算出的概率而定。比如投硬币($p_{win}=p_{loss}=$

0.5),或者转轮盘、扑克等更为复杂的游戏。

投资过程,是 n 次离散投资的过程。当我们找到一个有效信号之后进行一次操作(比如有效信号是价格突破 5 日均线,财务数据好,成交量放大等。)

那么应该如何处理呢?

首先,在经济学理论中,往往用随机游走来描述股价的波动(图 9.9)。

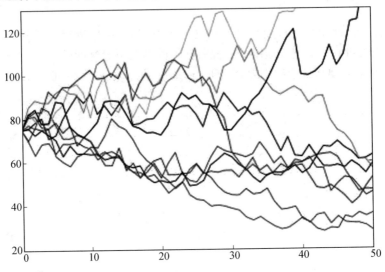

图 9.9　随机游走描述的股价波动(见彩图)

把模型转换成与风险投资模型类似的方法其实有很多,这里介绍一个简单的。设置一个止盈价格和止损线,碰到了就出局(图 9.10)。如果取对数后的股价服从随机游走假设,并且初始点是上沿和下沿的正中间,按照理论,先碰到上沿和先碰到下沿的概率是一样的(忽略漂移项)。

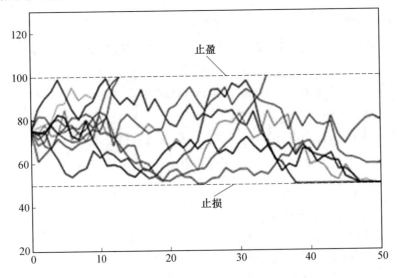

图 9.10　具有止盈和止损情况下的股价波动(见彩图)

但是在实际应用中,股价不是所有的时候都服从这个随机游走模型。股价先碰到上沿的概率会高于先碰到下沿的概率。比如说,突然出一个利好,财报公布后超预期,降准降息,或者单纯地资金面涌入造成短时间多空失衡,等等。

我们将这些事件,或者与这些事件同时发生的一些现象称为信号。比如说,降息的事件本身,就是一个信号。利好之前可能会有人提前买,造成股价跌不下去,这就是一个信号。资金的涌入造成成交量放大,这个成交量放大也是一个信号(图9.11)。

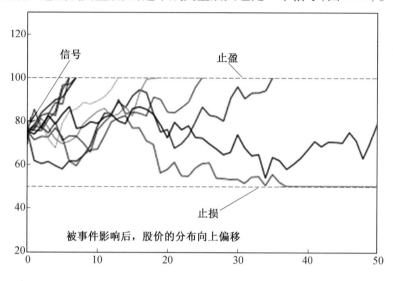

图9.11 事件对股价波动影响示意图(见彩图)

图9.11表示事件对股价形成了影响,整体概率分布向上偏移,先碰到止盈的概率大于先碰到止损的概率。

投资所做的事情,就是一个寻找信号的过程,找到有效信号,意味着信号背后的事件会使股价的概率分布偏离,盈利的期望变大。同时我们设置止盈止损线,这样回报率也就固定了下来。

由此就把投资股票的过程转换成一个连续风险投资的过程。信号发出就是我们的入场点。止盈止损发生的时候,就是我们的出场点。收益率和损失率就是止盈止损与入场价格之差。一次入场和出场就相当于模型中的单次投入,单次投入的仓位由凯利公式确定。

假设我们找到了一个有效信号,并且根据历史上的统计,过去三年这个有效信号发生了1 000次。以信号发出的价格为起点,在20%的正收益时止盈,在20%的负收益时止损。

那么在信号发出后,如果先触碰盈利的次数570次,先触碰止损的次数430次(这里只是为了举例而做简化,实际中我们需要做更多的工作)。于是,我们就成功把问题转换成了一个连续投入的问题:有这么一种投资,盈利一次的"收益"回报率为20%,亏损一次的损失率为20%,盈利率为57%

$$p_{win} = 0.57, p_{loss} = 0.43, b = 0.20, c = 0.20$$

此时 $f = p_{win}/c - p_{loss}/b = 0.57/0.20 - 0.43/0.20 = 70\%$

也就是说,不管我们现在剩余多少钱,都应该买入剩余部分的 70% 的仓位。

接下来,用蒙特卡洛模拟的方法做一组测试,看看凯利公式是怎么发挥作用的。假设股票投机产生了 T 次信号。我们相应地按照上述参数随机生成胜率和收益率,做了 T 次投机。把这 T 次投机算成一组完整的投资过程,这样就会得到一个净值的序列。对于任意的 T,我们将这个投资过程重复 1 000 次,求净值的几何平均数。如图 9.12 所示。

我们看看在不同的投机次数 T 下的效果,当 $T=100$ 时:

kelly positon is 0.7

不同组合的几何期望收益

full position 234.313167024

kelly position 277.595478022

position = 0.6 270.530080924

position = 0.9 258.494437316

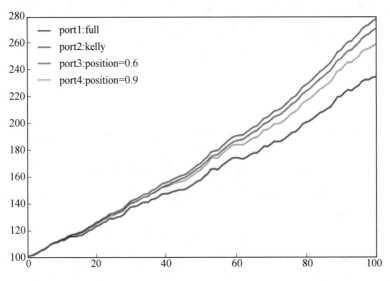

图 9.12　不同仓位配置在 $T=100$ 下几何期望收益(见彩图)

其中蓝线表示每次投机都是满仓;

绿线表示每次投机都是凯利公式给出的仓位(0.7);

红线是接近凯利公式的仓位(0.6);

最后一条天蓝色线是 0.9 的仓位。

可以看出,当 $T=100$ 时,凯利公式仓位下净值增长最快,但是与其他仓位相比,优势不明显。

如图 9.13 所示。当 $T=500$ 时:

kelly position is 0.7

不同组合的几何期望收益

full position 5042.56649829

kelly position 13041.94105994

position = 0.6 11859.0140025

position = 0.9 8529.06397135

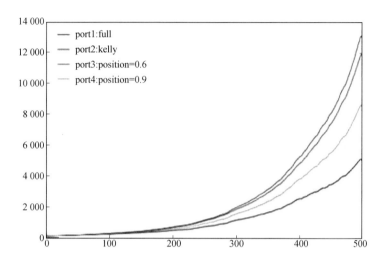

图 9.13　不同仓位配置在 T=500 下几何期望收益（见彩图）

此时最接近凯利公式仓位的红线。其他仓位的净值已经与凯利公式拉开了距离。

而当 T 进一步增大，T=5 000 时，凯利公式依旧是效果最好的。如图 9.14 所示。这说明如果想有效地应用凯利公式，我们找到的信号不能太稀疏，否则随机的因素可能占据上风。但是随着我们的交易次数增加，我们的净值能否增长就是大概率事件(99.99% 称为大概率)。当 T=5 000 时：

kelly position is 0.7

不同组合的几何期望收益

full position 5211.35003032

kelly position 13343.8643234

position = 0.6 12093.530168

position = 0.9 8784.89360331

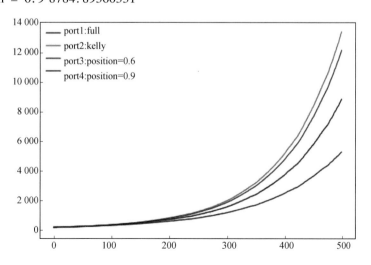

图 9.14　不同仓位配置在 T=5 000 下几何期望收益（见彩图）

参考代码：

```
from pandas import DataFrame
base = 100
pwin = 0.57
ploss = 1-pwin
b = 0.2
c = 0.2
T = 5000

# stopline 后文会介绍
stopline = 1
rnd_position = 0.6
rnd_position2 = 0.9
kelly_position = (pwin/c - ploss/b) * stopline
print 'kelly position is %s'% kelly_position
port_A = DataFrame()
port_B = DataFrame()
port_C = DataFrame()
port_D = DataFrame()
#重复模拟次数
for i in range(T):
    port1 = [base]
    port2 = [base]
    port3 = [base]
    port4 = [base]
    #投资次数步长
    for step in range(500):
        rnd = random.random()
        if rnd < pwin:
            next_step = b
        else:
            next_step = -c
        if port1[-1] > base * (1-stopline):
            port1.append(port1[-1] * (1+next_step))
        else:
            port1.append(port1[-1])
        if port2[-1] > base * (1-stopline):
            port2.append(port2[-1] * (1+next_step * kelly_position))
```

```
            else:
                port2.append(port2[-1])
            if port3[-1] > base*(1-stopline):
                port3.append(port3[-1]*(1+next_step*rnd_position))
            else:
                port3.append(port3[-1])
            if port4[-1] > base*(1-stopline):
                port4.append(port4[-1]*(1+next_step*rnd_position2))
            else:
                port4.append(port4[-1])
    port_A[i] = port1
    port_B[i] = port2
    port_C[i] = port3
    port_D[i] = port4
plt.figure(figsize = (8,5))
plt.plot(exp(log(port_A.T).sum()/T),label = 'port1:full')
plt.plot(exp(log(port_B.T).sum()/T),label = 'port2:kelly')
plt.plot(exp(log(port_C.T).sum()/T),label = 'port3:position = 0.6')
plt.plot(exp(log(port_D.T).sum()/T),label = 'port3:position = 0.9')
plt.legend(loc = 0)
print '\n 不同组合的几何期望收益'
print 'full position %s'% exp(log(port_A.T).sum()/T).iloc[-1]
print 'kelly position %s'% exp(log(port_B.T).sum()/T).iloc[-1]
print 'position = 0.6 %s'% exp(log(port_C.T).sum()/T).iloc[-1]
print 'position = 0.9 %s'% exp(log(port_D.T).sum()/T).iloc[-1]
```

第五节 凯利公式的延伸思考

一、杠杆

看看另外一种情况:现在我们找到了一个信号,延续上面的方法,但止盈止损线都是2%。历史统计涨过2%的概率是0.7,跌破2%的概率是0.3。那么带入凯利公式,得到的 f 值是多少呢?

答案是2 000%,也就是20倍的投入。

这背后的实际意义是什么呢?

凯利公式告诉我们这个因子非常有效,值得我们做20倍的杠杆来操作吗? 如果我们加到25倍(图9.15),会怎样呢?

kelly position is 20.0

不同组合的几何期望收益
full position 218.213273612
kelly position 376131.661933
position = 15 213953.841453
position = 25 198551.819053

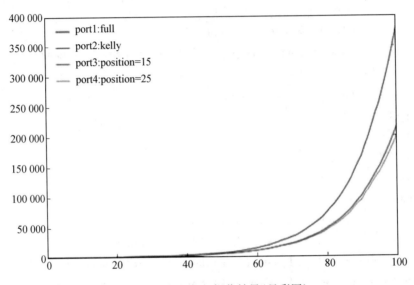

图 9.15　25 倍的杠杆操作结果（见彩图）

凯利公式判断投入比例的时候,是综合盈利和亏损之间的差距(类似于方差的概念)进行的。如果

$$f = \frac{p_{\text{win}}}{c} - \frac{p_{\text{loss}}}{b}$$

式中,$c=0$,计算出来的 f 是无穷大的。在现实中就意味着找到了一个项目,要么赚钱,要么持平,怎么都不会亏。理论上,我们能投入多少就要投入多少吗?

但理论是理论,实际是实际。前文中隐含的前提是借钱没有摩擦,没有费用,也没有利息。而在现实中,借钱是有成本的。一般人也借不到这么高的杠杆。

即使凯利公式告诉我们要使用高杠杆,我们也不建议加过高的杠杆。除了上述的财务摩擦之外,还有如下原因:我们股票上所有的回报率,都是基于历史数据的。而现实中,小概率事件发生的概率往往会被低估。

所以说,如果凯利公式告诉我们,要压大仓位,千万要三思。如果出了一件在模型历史统计之外的事情,后果将难以想象。

这么说有点抽象,打个比方,假设股灾前,找了一个很好的信号,比如跌 5% 时大概率会反弹的这种。然后如上文所述,凯利公式给我们的仓位比例是 10 倍。压了 2 倍杠杆,还嫌少,又配资加到了 5 倍。接下来发生了股灾,小概率事件一个接一个。第一天直接击破止损,还没等反应过来,就跌停了卖不出去。第二天开盘跌停了,卖不出去;第三天开盘跌停了,卖不出去……

永远记住:这个世界充满了因果性和蝴蝶效应。模型只是一个近似的替代。

二、真正的本金

有人说,凯利公式计算的仓位总是偏大。其原因,除了上文中提到的,实际股票收益率的分布具有长尾因素,导致极端情况发生的次数比预计要多以外,还有一个原因是很多人没明白凯利公式的投注比例所对应的本金到底是什么。

人们往往会认为凯利公式所针对的投注比例是全资产,但其实并不是,凯利公式所针对的投注比例是我们可承受损失的资产。比如说,有一个私募,投入了 1 000 万元,但是有 0.8 的清仓线,其实只能承受 200 万元的损失。那么在凯利公式里,f 针对的本金其实只有 200 万元,也就是说,如果 $f=0.7$,你一次压上去的钱只有 200 万元×0.7=140 万元。

如果现在这个 1 000 万元亏的只剩 910 万元了,那么本金只有 110 万元,一次下注的钱只能是 110 万元×0.7=77 万元。

而如果这个 1 000 万元赚到了 1 150 万元,那么本金就变成了(1 150 万元-800 万元)×0.7=350 万元,需要压的数量就是 350 万元×0.7=245 万元。

所以说,如果一个人虽然有 100% 的仓位,但是实际心理能承受的损失就是 20%,那么此时就应该用这个 20% 作为本钱来带入凯利公式。

真正赚钱的是找有效的因子或者信号,使得 p_{win} 尽可能大,b 尽可能大。无论是以往大家关注的一些技术指标(各种金叉、死叉)还是量价指标(放量、突破等等)又或者是财务指标,都可以作为一个信号。

统计历史信号出现时的一个表现,得到这个信号产生的收益的分布。只要这个信号的收益分布正偏一些,就是纯正的 Alpha。

本章小结

凯利公式的核心在于,如何控制好风险,并取得最大化收益。在量化交易的论文中,关于仓位部署的文章并不多见,本章作为量化交易的一个重点章节,需要同学们重点关注。

思考题:诸多论文中的变种凯利公式,是不是能够得出一个简化的近似解?

附录　代码中的容错处理

在量化投资中,如果能力和时间允许,一定要把回测模型和实盘模型分开,因为,回测模型是力求回测准确,而实盘模型是为了确保交易成功,这两个底层逻辑是不同的。以下提到的三个问题,是实盘量化投资者经常忽视的问题,但却是十分重要的,因此,这里特此给予说明。

一、成交滑点在模型中的处理

在测试中成交的滑点来源于两个方面,一是策略开平仓选择在市场剧烈波动的时段,比如用开盘价(涨停价)进场,再比如,股票跌停时出场,这在实际操作中都是不可行的,会引发平均1%~2%的滑点。

处理方法:通常需要进行压力测试,比如股票开平按1%的损失计算,期货选择万5手续费+开平两个点来测试,最终观测收益曲线的变化。另外,在编写测试模型时,要把剧烈波动时的开平仓次数统计出来,用于事后分析。

二、价格不连续在模型中的处理

我国的大部分金融市场存在着大量跳空(就是价格不连续),这些跳空给时间序列的测试者带来了很多不便。

处理方法:将不连续的价格按回归进行预测补齐,之前我们做过测试,在没有改变因子模型的基础上,只将当下非连续数据改进成连续数据,预测效果就得到了较大提升。比如,周六周日两个休息日加入回归预测,涨停板按溢价1.2%(科创板和创业板按2%)计算。

三、价格超范围在模型中的处理

这种情况通常会出现在实盘模型的编写中。还有一种情况,就是交易所传的数据发生了错误,比如,有巨量的抛盘(实际上是一个错误数据)。

处理方法:通常需要对比两个以上数据源的结果,在结果得到交叉确认后再进行策略执行。另外,在实盘模型中如果遇到一个未知的异常数据,应当加入报警功能,人工进行判断和干预。

真正从理论到实战,量化代码中的容错管理必不可少,通常来讲,回测代码和实战代码是分开的,因为它们的目标不同。此处只列举了三个重要的容错处理,但不等于容错只有这些。另外,容错处理很大程度上决定了一个量化策略在实战中是否适用,请同学们认真思考其中的原因。

参考文献

[1] PAUL WILMOTT. Paul wilmott introduces quantitative finance[M]. New Jersey:Wiley, 2007.

[2] PAUL WILMOTT. Paul wilmott on quant finance[M]. New Jersey:John Wiley & Sons, 2006.

[3] PAUL WILMOTT. Frequently asked questions in quantitative finance[M]. New Jersey:Wiley,2009.

[4] STEPHEN TAYLOR. Asset price dynamics, volatility and predictions[M]. New Jersey:John Wiley & Sons,2007.

[5] PAUL GLASSERMAN. Monte carlo methods in financial engineering[M]. Heidelberg:Springer,2003.

[6] ESPEN GAARDER HAUG. Derivatives models on models[M]. New Jersey:Wiley, 2007.

[7] JON GREGORY. The xVA challenge:counterparty credit risk, funding, collateral and capital[M]. New Jersey:John Wiley & Sons, 2015.

[8] PAUL WILMOTT. Machine learning:an applied mathematics introduction[J]. Quantitative Finance,2020(3):359-360.

[9] CORNELIS W, OOSTERLEE LECH A. Grzelak,mathematical modeling and computation in finance: with exercises and python and MATLAB computer codes:with exercises and python and MATLAB computer codes[M]. Singapore:World scientific,2019.

[10] 威尔莫特. 数量金融[M]. 郑振龙,陈蓉,史若燃,译. 北京:机械工业出版社,2015.

[11] 陈学彬. 程序化投资初级教程[M]. 上海:复旦大学,2017.

[12] 费思. 海龟交易法则[M]. 北京:中信出版社, 2010.

[13] 陈荣. 基于A股市场股票价格联动性的量化投资策略研究[D]. 杭州:浙江大学,2018.

[14] 黄卿,谢合亮. 机器学习方法在股指期货预测中的应用研究——基于BP神经网络、SVM和XGBoost的比较分析[J]. 数学的实践与认识,2018,48(8):297-307.

[15] 王春丽,刘光,王齐. 多因子模型量化选股及择时策略研究[J]. 东北财经大学学报,2018(5):81-87.

[16] 孔翔宇,毕秀春,张曙光. 财经新闻与股市预测——基于数据挖掘技术的实证分析[J]. 数理统计与管理,2016,35(2):215-224.

[17] ANTON TENYAKOV,ROGEMAR MAMON. A computing platform for pairs-trading online implementation via a blended Kalman-HMM filtering approach[J]. Journal of Big Data,2017,4(1):98-103.

部分彩图

图 1.1

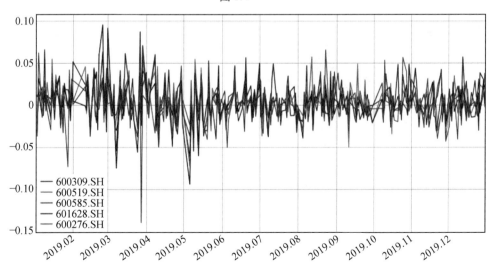

图 1.2

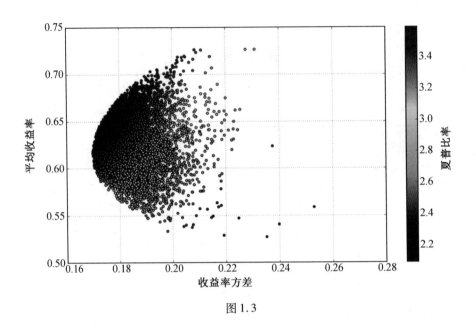

图 1.3

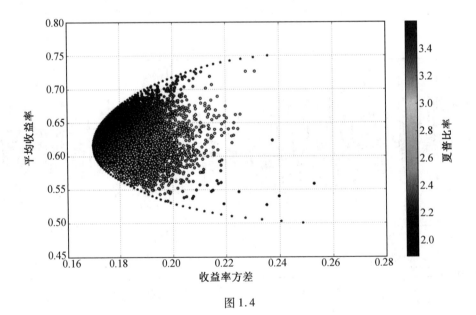

图 1.4

部分彩图

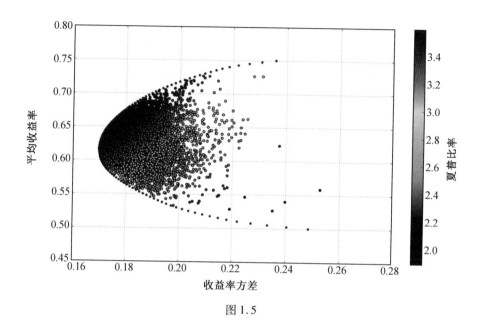

图 1.5

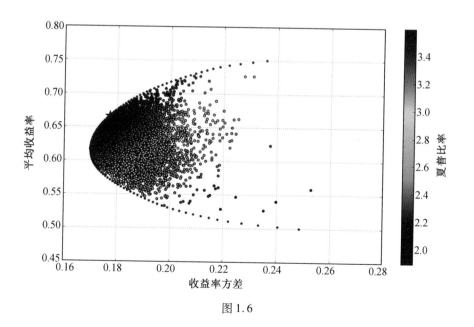

图 1.6

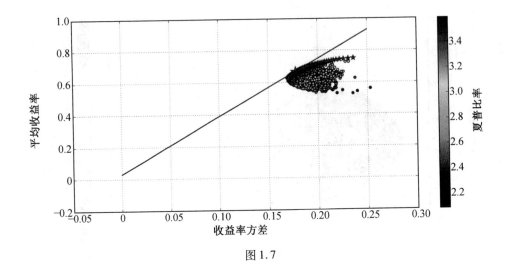

图 1.7

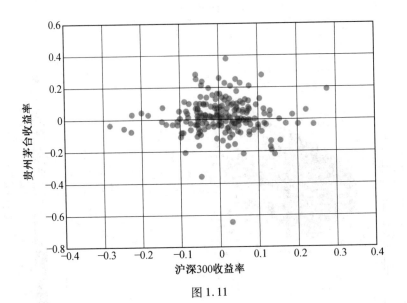

图 1.11

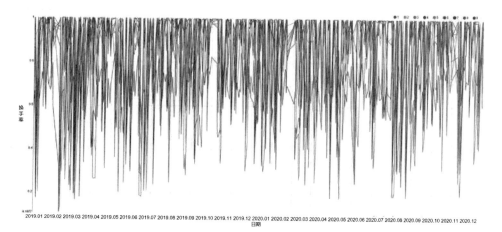

图 3.2

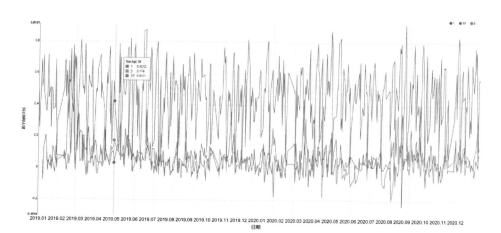

图 3.3

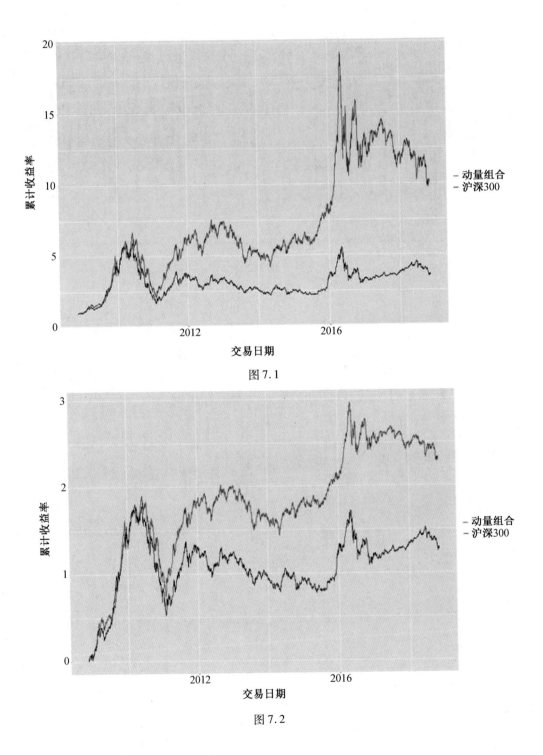

图 7.1

图 7.2

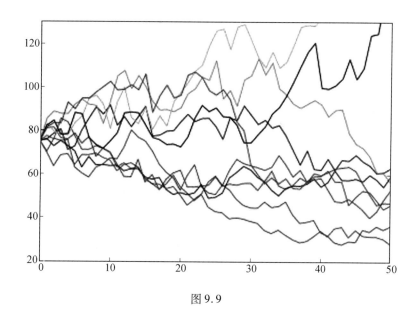

图 9.9

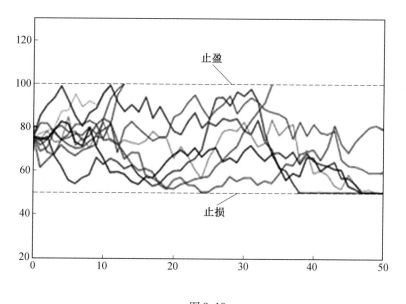

图 9.10

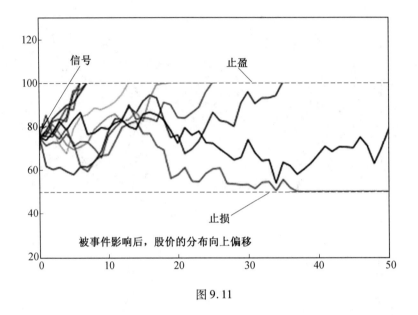

图9.11

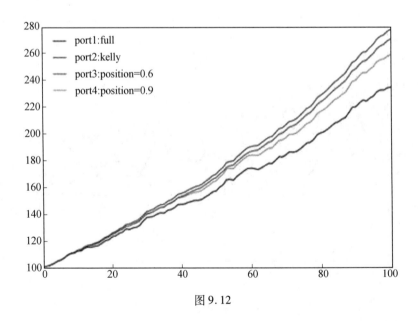

图9.12

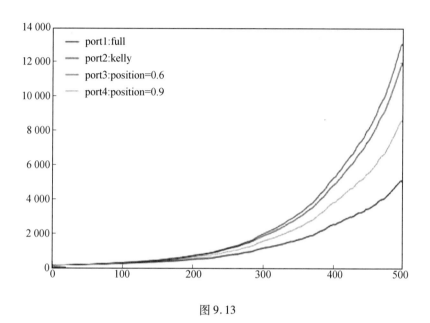

图 9.13

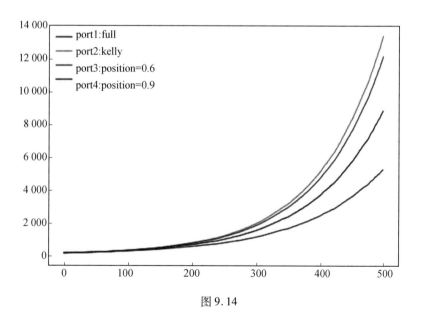

图 9.14

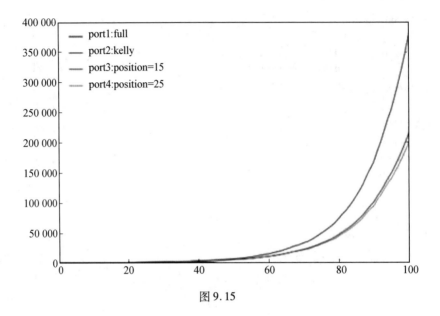

图 9.15